LES
COLONIES FRANÇAISES

NOTICES ILLUSTRÉES

Publiées

PAR ORDRE DU SOUS-SECRÉTAIRE D'ÉTAT DES COLONIES

SOUS LA DIRECTION DE M. LOUIS HENRIQUE
Commissaire spécial de l'Exposition coloniale.

TAHITI

ILES SOUS-LE-VENT

PARIS

MAISON QUANTIN

COMPAGNIE GÉNÉRALE D'IMPRESSION ET D'ÉDITION

7, rue Saint-Benoît, 7

1889

LES
COLONIES FRANÇAISES

NOTICES ILLUSTRÉES

Publiées

PAR ORDRE DU SOUS-SECRÉTAIRE D'ÉTAT DES COLONIES

SOUS LA DIRECTION DE M. LOUIS HENRIQUE

Commissaire spécial de l'Exposition coloniale.

TAHITI
ILES SOUS-LE-VENT

PARIS

MAISON QUANTIN

COMPAGNIE GÉNÉRALE D'IMPRESSION ET D'ÉDITION

7, rue Saint-Benoît, 7

Cette publication, conçue sur un plan absolument nouveau, est, avant tout, un ouvrage de vulgarisation, qui a pour but de faire connaître au public nos possessions d'outre-mer sous l'aspect le plus réel, le plus vivant et le plus attrayant tout à la fois.

Ce n'est ni une simple description géographique, ni un précis historique écourté, ni une banale énumération de noms et de produits, ni un recueil de chiffres, tableaux et renseignements statistiques, encore moins un plaidoyer en faveur de tel ou tel système de politique coloniale : c'est une œuvre sincère, impartiale.

C'est la description fidèle des pays lointains, mal connus et mal jugés souvent, qui forment notre domaine extérieur, la peinture exacte des habitants qui peuplent ces petites Frances disséminées à travers les Océans, une sorte d'inventaire de notre richesse coloniale.

C'est pour le colon, le commerçant, le voyageur, une source de documents précieux sur le climat, l'alimentation, l'hygiène, les prix des denrées, le taux des salaires, les genres de culture et leur production, les voies et moyens de transport, le coût des voyages : en un mot, sur tout ce qui constitue la vie économique et sociale dans chacune de nos colonies; nous signalons même ce chapitre des notices comme particulièrement nouveau.

L'ouvrage comprend cinq parties, formant chacune un volume, divisé chacun en quatre fascicules :

I. — Colonies et protectorats de l'océan Indien. — La Réunion. — Mayotte, les Comores, Nossi-Bé, Diego-Suarez, Sainte-Marie de Madagascar. — L'Inde française. — Suivis d'une notice sur Madagascar.

II. — Colonies d'Amérique. — La Martinique. — La Guadeloupe. — Saint-Pierre et Miquelon. — La Guyane.

III. — Colonies et protectorats d'Indo-Chine. — Cochinchine. — Cambodge. — Annam. — Tonkin.

IV. — Colonies et protectorats de l'océan Pacifique. — La Nouvelle-Calédonie. — Tahiti, les Iles-sous-le-Vent. — Wallis, Futuna, Kerguelen. — Suivis d'une notice sur les Nouvelles-Hébrides.

V. — Colonies d'Afrique. — Le Sénégal. — Le Soudan français. — Le Gabon-Congo. — La Guinée. Obock. — Suivis d'une notice sur Cheïk-Saïd.

M. Louis Henrique, commissaire spécial de l'Exposition coloniale, a été officiellement chargé par M. le Sous-Secrétaire d'État des Colonies d'élaborer le plan de l'ouvrage et d'en diriger la publication. Il a eu pour collaborateurs :

MM. Charvein.	MM. Baron Michel.
Clos.	Morigeau.
Deloncle J.-L.	Pellegrin.
Duluc, Jean.	Raoul.
Ebrard St-Ange.	Révoil.
de Fonvielle.	Tréfeu.
François.	Vérignon.

Toutes les illustrations ont été dessinées d'après nature spécialement pour cet ouvrage ; une ou plusieurs cartes dressées par M. Paul Pelet, d'après les documents les plus récents et les plus complets, accompagnent chaque monographie.

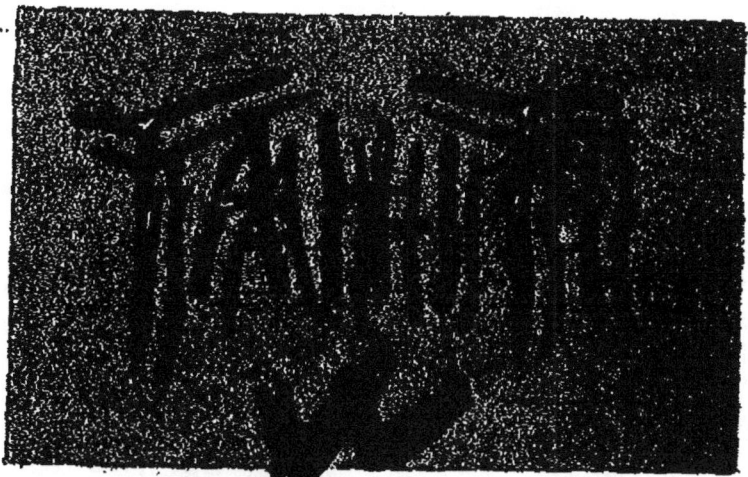

TAHITI.

1

Palais des Pomaré.

ÉTABLISSEMENTS FRANÇAIS DE L'OCÉANIE

TAHITI

CHAPITRE PREMIER

Précis historique.

Découverte. — Arrivée des Européens. — Intervention française. — Prise de possession. — Affaire Pritchard. — Désaveu de l'amiral Dupetit-Thouars. — Indemnité Pritchard. — Substitution du protectorat à l'annexion. — La grande reine Pomaré V. — Retour à l'annexion.

TAHITI. — *Les Établissements français de l'Océanie* datent de l'occupation des îles Marquises, de Tahiti et de ses dépendances par la France. Cette appellation officielle, à laquelle on a substitué parfois improprement celle de

TAHITI, du nom de l'île principale, chef-lieu du gouvernement, comprend aujourd'hui :

1° Les îles du Vent : Tahiti, Moorea (Mooréa) et les îlots Tetiaroa (Tétiaroa) et Meetia (Méétia) ;

2° Les îles sous le Vent qui forment avec les îles du Vent l'archipel de la Société ;

3° Les archipels des Marquises, des Tuamotu (Touamotou), des Gambier, des Tubuaï (Toubouaï) et enfin l'île Rapa ;

4° Les îles Manihiki et Rakaanga.

La Nouvelle-Calédonie et les îles Loyalty ont été rattachées pendant un certain temps, au point de vue administratif, aux établissements français de l'Océanie, mais elles forment depuis le 14 juillet 1860 une colonie distincte.

———

Jusqu'en 1842, la nation, dont les grands navigateurs, les La Pérouse, les d'Entrecasteaux, les Bougainville, avaient sillonné le Pacifique, ne possédait dans cet océan ni lieu de relâche, ni lieu de ravitaillement pour ses navires de guerre, ses navires de commerce, ses baleiniers. Ce fut pour répondre à ce besoin que l'amiral Dupetit-Thouars prit les 5, 17 et 31 mai 1842, possession de l'archipel des Marquises, avec le consentement des principaux chefs ou rois de ces îles.

Découverte en 1767 par Wallis, Tahiti, — échappée à Quiros, qui découvrit en 1605 une des Tuamotu, — fut visitée dix mois après par Bougainville, puis par Cook en 1769.

Les récits merveilleux de ces illustres voyageurs sur la beauté du climat, sur la douceur, l'affabilité et les mœurs des habitants de la Nouvelle-Cythère, y attirèrent un grand nombre d'Européens parmi lesquels trente missionnaires envoyés par la *société des missions de Londres,* en 1797.

Ces missionnaires y firent adopter le protestantisme

comme religion d'État, et l'un d'eux, Pritchard, s'éleva jusqu'aux conseils de la reine Pomaré IV. Tahiti était déjà virtuellement placée sous la domination de ces missionnaires protestants, qui avaient converti d'ailleurs tout l'archipel, lorsque deux prêtres catholiques, parmi lesquels le père Laval, arrivèrent à Tahiti le 29 novembre 1836.

Les missionnaires protestants, craignant un déplacement d'influence à leur détriment, objectèrent que les habitants étaient déjà convertis au christianisme, et décidèrent facilement la reine à s'opposer au séjour à Tahiti des deux prêtres catholiques. Pritchard obtint même de cette souveraine l'ordre de faire arrêter et réembarquer de force les deux missionnaires catholiques, ce qui eut lieu le 12 décembre 1837.

Ces deux prêtres, de nationalité française, s'étant plaints à leur gouvernement des violences dont ils avaient été l'objet, le commandant Dupetit-Thouars se rendit à Papeete, fit signer le 4 septembre 1838 à Pomaré IV une convention accordant aux Français « de toutes professions » le droit de séjourner et de commercer à Tahiti et dans l'archipel, puis accrédita comme consul M. Moerenhout, homme de grande valeur, très dévoué aux intérêts français.

La navire de guerre français parti, Pritchard, auquel sa situation et son titre de consul anglais donnaient une grande influence, provoqua près du gouvernement tahitien l'adoption d'une loi qui interdisait aux étrangers la faculté d'acquérir des terres et défendait l'enseignement de doctrines étrangères au culte en vigueur ; puis, pour plus de sûreté, il fit adresser le 8 novembre 1838, par Pomaré, une demande de protectorat au gouvernement anglais.

Par ordre de son gouvernement, le commandant français Laplace, fit signer par la reine, le 20 juin 1839 un paragraphe additionnel à la convention de 1838. Cette nouvelle disposition était conçue comme il suit :

« Le libre exercice de la religion catholique est permis dans l'île de Tahiti et dans toutes les autres possessions de la reine Pomaré. Les Français catholiques y jouiront de tous les privilèges accordés aux protestants, sans que pourtant ils puissent s'immiscer, sous aucun prétexte, dans les affaires religieuses du pays. »

Pritchard, parti pour Londres, ne parvint pas à y faire accepter la demande de protectorat, dont il était l'instigateur, et les chefs, lassés de l'état d'anarchie dans lequel se trouvait le pays, se tournèrent vers la France; ils adressèrent à la reine, alors à Moorea, une demande tendant à l'établissement du protectorat français.

Circonvenue par les résidents anglais de Papeete, intimidée par l'arrivée du navire de guerre britannique le *Curaçao* et par l'attitude de son commandant, la reine se décida, au dernier moment, à annuler la décision prise par les chefs.

Mais, au retour à Tahiti de l'amiral Dupetit-Thouars, la reine et les chefs lui adressèrent, le 9 septembre, une demande de protectorat ainsi conçue :

Tahiti, le 9 septembre 1842.

Parce que nous ne pouvons continuer à gouverner par nous-mêmes, dans le présent état de choses, de manière à conserver la bonne harmonie avec les gouvernements étrangers sans nous exposer à perdre nos îles, notre liberté et notre autorité, nous, les soussignés, la Reine et les grands chefs de Tahiti, nous écrivons les présentes pour solliciter le roi des Français de nous prendre sous sa protection aux conditions suivantes :

1° La souveraineté de la reine et son autorité et l'autorité des chefs sur leurs peuples sont garanties;

2° Tous les règlements et lois seront faits au nom de la reine Pomaré, et signés par elle;

3° La possession des terres de la reine et du peuple leur sera garantie : ces terres leur resteront; toutes les disputes, relativement au droit de propriété ou des propriétaires des terres seront de la juridiction spéciale des tribunaux du pays;

4° Chacun sera libre dans l'exercice de son culte ou de sa religion;

5° Les églises existant actuellement continueront d'être, et les missionnaires anglais continueront leurs fonctions sans être molestés; il en sera de même pour tout autre culte; personne ne pourra être molesté ni contrarié dans sa croyance.

A ces conditions, la reine Pomaré et ses grands chefs demandent la protection du roi des Français, laissant entre ses mains ou aux soins du gouvernement français, ou à la personne nommée par lui, et avec l'approbation de la reine Pomaré, la direction de toutes les affaires avec les gouvernements étrangers, les règlements de port, etc., etc., et le soin de prendre telle mesure qu'il pourra juger utile pour la conservation de la bonne harmonie et de la paix.

Signé : POMARÉ.

PARAITA, régent, UTAMI, HITOTI, TATI.

« Je soussigné, déclare que le présent document est une traduction fidèle du document signé par la reine Pomaré et les chefs.

Signé : ARII TAÏMAÏ,
envoyé de la reine. »

Ce traité fut ratifié par le gouvernement français le 25 mars 1843; mais, de retour à Tahiti, Pritchard fomenta de nouveaux troubles, qui amenèrent une rupture entre la reine et l'amiral Dupetit-Thouars.

Ce dernier, convaincu qu'il fallait qu'une des deux sou-

verainetés disparût, déclara la reine déchue, et prit possession de l'île au nom de la France. Dans la bagarre, Pritchard
fut arrêté et quelque peu malmené.

Il adressa une protestation violente contre son arresta-
tion à la société des missions de Londres, à laquelle il se
garda bien d'ailleurs de faire ressortir à quels points son
intervention politique l'avait justifiée. La société des
missions souleva l'opinion publique en Angleterre, obtint
du gouvernement de Londres une protestation diplomatique
contre les événements de Tahiti, une demande de désaveu
des actes des officiers de la marine française et enfin une
réclamation d'indemnité pour son consul avec menace de
rupture en cas de refus.

Le gouvernement français céda sur tous les points.

Encouragée dans la résistance par le désaveu de Dupetit-
Thouars et par le rétablissement du protectorat, une véritable révolution dirigée contre nous avait éclaté à Tahiti,
que la reine avait quittée pour se retirer à Raiatea (Raïatéa).
Ce fut par les armes qu'on dut réprimer ce mouvement. Un
coup de main hardi du capitaine de corvette Bonard ayant
mis entre nos mains le fort de Fautahua (Faoutahoua), clef
de tous les sentiers de l'île (17 décembre 1846), les derniers
rebelles se soumirent. En mai 1847 la reine Pomaré fut
solennellement réintégrée dans son autorité et l'exercice
du protectorat fut confié à un commandant commissaire
du gouvernement français.

Renversée en 1852 par une insurrection, la reine
Pomaré fut rétablie par le gouvernement français, et,
reconnaissante de cette intervention, elle vécut toujours
depuis en très bonne intelligence, sinon avec les repré-
sentants du protectorat, tout au moins avec le gouvernement
français. Cette politique fut également celle de son fils et
successeur au trône, Arii-Aué, couronné sous le nom de

Pomaré V. — Celui-ci s'étant trouvé malade, se décida à remettre complètement au gouvernement de la République française l'administration de son pays et, le 29 juin 1880, en présence de tous les chefs de Tahiti et de Moorea, le commissaire de la République fit donner par un interprète lecture de la proclamation royale suivante :

Déclaration du roi Pomaré V consacrant la réunion à la France des îles de la Société et dépendances :

Nous, Pomaré V, roi des îles de la Société et dépendances.

Parce que nous apprécions le bon gouvernement que la France a donné aujourd'hui à nos États, et parce que nous connaissons les bonnes intentions de la République française

Pomaré V.

à l'égard de notre peuple et de notre pays dont elle veut augmenter le bonheur et la prospérité ;

Voulant donner au Gouvernement de la République française une preuve éclatante de notre confiance et de notre amitié ;

Déclarons par les présentes, en notre nom personnel et au nom de nos descendants et successeurs :

Remettre complètement et pour toujours entre les mains de la France, le gouvernement et l'administration de nos États comme aussi tous nos droits et pouvoirs sur les îles de la Société et dépendances.

Nos États sont ainsi réunis à la France, mais nous demandons à ce grand pays de continuer à gouverner notre peuple en tenant compte des lois et coutumes tahitiennes.

Nous demandons aussi de faire juger toutes les petites affaires par nos conseils de district, afin d'éviter pour les habitants des déplacements et des frais très onéreux.

Nous désirons enfin que l'on continue à laisser toutes les affaires relatives aux terres entre les mains des tribunaux indigènes.

Quant à nous, nous conservons pour nous-même le titre de roi, et tous les honneurs et préséances attachés à ce titre : le pavillon tahitien avec le yacht français pourra, quand nous le voudrons, continuer à flotter sur notre palais.

Nous désirons aussi conserver personnellement le droit de grâce qui nous a été accordé par la loi tahitienne du 28 mars 1866.

Nous faisons cette déclaration à la famille royale, aux chefs et au peuple pour qu'elle soit écoutée et respectée.

Papeete, le 29 juin 1880.

Signé :

Le Roi,

POMARÉ.

Les Chefs,

Maheanuu, Hitoti Manua, Marurai a Tauhiro, Aitoa, Tere a Patia, Teriinohorai, Roometua, Maraiauriauria, Opuhara, Maihau Tavana, Ariipeu, Matahiapo, Terai a Faaroau, Tuahu a Rehia, Raihauti, Tariirii, Véhiatua, Toni a Puohutoe, Tihiva, Teriitapunui, Matamao Teihoarii.

Les Interprètes,

J. Cadousteau, A.-M. Poroi.

L'inspecteur des affaires indigènes,

X. Caillet.

Cette transmission de ses droits de souveraineté au Gouvernement de la République française fut ratifiée par la loi d'acceptation dont la teneur suit :

Loi portant ratification de la cession faite à la France par S. M. Pomaré V de la souveraineté pleine et entière des archipels de la Société dépendant de la couronne de Tahiti (30 décembre 1880).

Le Sénat et la Chambre des députés ont adopté;

Le Président de la République promulgue la loi dont la teneur suit :

ART. 1ᵉʳ. — Le Président de la République est autorisé à ratifier et à faire exécuter les déclarations signées le 29 juin 1880, par le roi Pomaré V et le commissaire de la République aux îles de la Société, portant cession à la France de la souveraineté pleine et entière de tous les territoires dépendant de la couronne de Tahiti.

Le capitaine Cook.

ART. 2. — L'île de Tahiti et les archipels qui en dépendent sont déclarés colonie française.

ART. 3. — La nationalité française est acquise de plein droit à tous les anciens sujets du roi de Tahiti.

ART. 4. — Les étrangers nés dans les anciens États du protectorat, ainsi que les étrangers qui y seront domiciliés depuis une année au moins, pourront demander leur naturalisation. Ils seront dispensés des délais et des formalités prescrits par la loi des 29 juin, 5 juillet 1867, ainsi que des droits de sceau.

Les demandes seront adressées aux autorités coloniales dans le délai d'une année à partir du jour où la loi sera

rendue exécutoire dans la colonie, et après enquête faite sur la moralité des postulants, au ministère de la marine et des colonies, qui les transmettra, avec avis, au garde des sceaux.

La naturalisation sera accordée par le président de la République.

La présente loi, délibérée et adoptée par le Sénat et la Chambre des députés, sera exécutoire comme loi de l'État.

Fait à Paris, le 30 décembre 1880.

Signé : Jules GRÉVY.

Par le Président de la République,

Le ministre des affaires étrangères,
Signé : B. SAINT-HILAIRE.

Le garde des sceaux, ministre de la justice,
Signé : Jules CAZOT.

Le ministre de la marine et des colonies,
Signé : G. CLOUÉ. »

Depuis cette époque, Pomaré a encore élargi le champ de cette transmission de pouvoirs par l'abandon des réserves qu'il avait faites.

Les autres archipels reconnaissant la suzeraineté de Pomaré avaient suivi le sort de Tahiti et de Moorea. On conclut avec les chefs de ces archipels, des traités qui avaient le défaut de sembler leur accorder vis-à-vis de la suzeraineté tahitienne une indépendance qu'ils ne possédaient pas en réalité. Ainsi le comprirent plusieurs chefs de ces îles et le gouverneur actuel dut réparer ces erreurs d'interprétation, par de nouvelles annexions parfaitement formelles cette fois.

Dans ce qui précède nous n'avons pas parlé des îles sous le Vent. Quels que fussent les liens qui unissaient ces îles à Tahiti, des conventions particulières ayant créé en 1847 une disjonction politique, nous avons estimé que le précis historique relatif aux îles sous le Vent était devenu insé- parable de la géographie physique et économique de ce groupe.

L'ANSE MAGON, PORT PHAETON.
(Emplacement du futur bassin de radoub.)

CHAPITRE II

Description géographique.

ILES DU VENT.

Tahiti. — Topographie. — Orographie. — Rivières. — Côtes. — Baies. — Caps. — Récifs. — Canal circulaire. — Passes. — Voies de communication. — Moorea. — Ilots de Tetiaroa, de Meetia. — Ethnographie. — Migrations polynésiennes. — Caractères spéciaux et types.

L'archipel de la Société se compose de deux groupes : celui du sud-est ou îles du Vent comprenant les îles Tahiti, Moorea (Mooréa) et des îlots Tetiaroa (Tétiaroa) et Meetia (Méétia). Le second ou îles sous le Vent dont nous donnerons la description géographique plus loin.

TOPOGRAPHIE. — Comprise entre 17° 29'53" et 17°53' de latitude sud 151°26' et 151°58' de longitude, cette île est formée de deux massifs de montagnes reliés entre eux par un isthme de 2,200 mètres de largeur, dont la plus grande hauteur au-dessus du niveau de la mer, est de 14 mètres.

CONFIGURATION, ÉTENDUE, SUPERFICIE TOTALE. — Chacune de ces parties est à peu près circulaire. Tahiti présente de loin l'aspect d'un tronc de cône dont les flancs montent par une pente assez régulière, jusqu'à une hauteur de 12 à 1,500 mètres. Ce tronc de cône est dominé par quelques pics très élevés.

La presqu'île de Taiarapu (Taïrapou) a une forme moins régulière. A partir de l'isthme de Taravao les terres s'élèvent en pente douce sur une étendue d'environ trois milles.

La superficie totale de l'île et de la presqu'île est de 104,215 hectares, dont 79,485 hectares pour Tahiti et 24,730 pour Taiarapu.

Leur périmètre offre un développement de 192 kilomètres, dont 120 pour Tahiti et 72 pour la presqu'île.

Au pied même des montagnes, les éboulements et les alluvions ont recouvert le corail d'une couche épaisse de terre végétale. Il s'est formé ainsi autour de l'île, une plaine dont la largeur atteint, à certains points, 3 kilomètres. C'est la seule partie actuellement habitée. Elle présente une superficie de 25,000 hectares de terres cultivables.

Moorea ou Eimeo est située à 12 milles de Tahiti dans la direction O.-N.-O. Comme Tahiti, Moorea est entourée d'un récif. L'aspect de l'île est encore plus pittoresque. Son périmètre est de 48 kilomètres, sa superficie de 13,237 hectares, dont 3,500 au moins de terres propres à la culture.

OROGRAPHIE. — De hautes montagnes, produit d'un immense soulèvement volcanique, occupent le centre de Tahiti. Les plus élevées sont : l'Aorai 2,064 mètres et l'Orohena (Oroféna) 2,236; dans Taiarapu : le Niu (Niou) 1,323 mètres; à Moorea : le Tehivea (Téhivéa).

PAPEETE (PAPÉ-ITI). — LA RADE.

Ce soulèvement paraît être le même que celui qui a fait émerger au-dessus des eaux Moorea, les îles sous le Vent, les Gambier, les Tubuai et peut-être d'autres archipels de la Polynésie. Il n'a pas été aussi complet dans les parages des îles Tuamotu et tout porte à croire que ce sont les coraux qui, en se formant sur les bords des cirques arrivés presque à fleur d'eau, ont donné naissance à ces îles basses circulaires, dans lesquelles le rivage du lagon intérieur marquerait le faîte même des remparts constitutifs du cirque.

Quoi qu'il en soit, à une époque relativement récente et très éloignée de celle du soulèvement initial, une nouvelle éruption se produisit à Tahiti au centre même de l'ancien cercle d'activité volcanique, centre affirmé par les cônes éteints qui l'entourent. Ne pouvant se faire jour par ces anciens cratères, la masse ignée, disloquant la croûte terrestre, l'écarta violemment et, par cette faille énorme, surgit superbement la masse basaltique soulevée, à laquelle sa forme a fait donner le nom de *Diadème*.

Le col le moins élevé de Tahiti est celui d'Urufaa (Ouroufaa), 884 mètres. C'est, comme l'a fait remarquer M. Cuzent, le seul point où il serait possible d'ouvrir une route qui traverse l'île du Nord au Sud, en passant par les vallées de Papenoo et de Vaï-hiria.

A Moorea, de hautes montagnes de basaltes étrangement découpées, dont quelques-unes affectent l'apparence de vieux châteaux crénelés, s'élèvent à une hauteur de 880 et de 1,200 mètres.

RIVIÈRES, COURS D'EAU. — Dans l'île de Tahiti ces montagnes ont déterminé des vallées d'écoulement, dont la plus grande est la vallée de Papenoo, qui sert de lit à la grande rivière du même nom. Par suite des pluies fréquentes, surtout dans la partie du Vent, les montagnes de l'intérieur laissent écouler des milliers de cascades, de ruisseaux et de rivières, qui rendent cette île une des plus arrosées qui soient au monde et contribuent à lui maintenir sa belle végétation et sa fertilité légendaire. Les petites dimensions de l'île, l'élévation relative des montagnes, leur grande déclivité, et la faible largeur du littoral font que ces cours d'eaux ne sont pas navigables. Leur transparence et leur limpidité ont arraché des cris d'admiration aux voyageurs. Les plus remarquables sont, après la rivière de Papenoo : le Punaaru, formé de ruisseaux divers, dont l'un prend sa source à la base de l'Orohena; le Taharui qui coule du mont Tetufera; la rivière si jolie de Tautira, formée de divers ruisseaux, dont un prend sa source au pied du mont Ronui dans la presqu'île; enfin, la petite rivière de la Fautahua qui, après avoir formé une cascade à pic de 200 mètres, va se jeter à la mer tout près de Papeete (Papé-iti).

Les mêmes causes qui s'opposent à l'existence de rivières navigables rendent les étangs et les lacs bien rares.

On ne peut citer que le lac Vai-hiria, nappe d'eau qui, située à 430 mètres d'altitude, possède un diamètre s'exprimant sensiblement par le même chiffre. Ce lac, sans écoulement apparent, ancien cratère selon nous, est considéré, par MM. Vincendon, Desgraz et Cuzent, comme provenant d'éboulements ayant comblé la vallée et intercepté les voies d'écoulement par lesquelles les eaux se rendaient autrefois à la mer.

A Moorea, il existe également un lac dans lequel pénètre la marée. Ce lac nommé Temae ne mériterait pas d'être cité s'il n'était célèbre par une espèce de poisson : le hava, réputé le meilleur poisson du monde.

Moins arrosée que Tahiti, Moorea n'a pas la même fertilité; cependant les cultures qui ne nécessitent pas une grande quantité d'eau y réussissent fort bien.

CÔTES, BAIES, CAPS. — La pointe Vénus est le plus connu

de tous les petits caps de Tahiti. Ses forêts de cocotiers, ses habitations, abritées sous un fouillis de verdure, donnèrent à Cook et à ses équipages fatigués par un long séjour en mer, une idée enchanteresse de l'île. C'est dans la baie de Mataval (Matavaï) qu'elle limite à l'est, que relâcha le célèbre navigateur. La petite pointe Fare-ute (Faréouté), serait sans aucune importance si elle ne constituait la limite Est de la rade de Papeete.

Il n'existe à Tahiti qu'une baie qui mérite ce nom, c'est le beau mouillage du Phaéton, port magnifique destiné forcément par sa belle situation, la facilité extrême de sa défense, et l'absence de toute autre baie, à devenir l'arsenal maritime de nos établissements d'Océanie. Depuis la prise de possession tous les officiers de marine y préconisent la construction d'un bassin de radoub dont les travaux préliminaires plusieurs fois annoncés, n'ont cependant point encore été entrepris.

Moorea possède deux baies : la baie de Cook ou Paopao et la baie de Papetoai (Papétoaï) ou d'Opunohu.

Située entre les grands escarpements des monts Tearai et Rotui, le fond de la baie de Cook dont le mouillage est excellent, est fermé par des montagnes d'un pittoresque grandiose qui en font un des plus beaux sites de l'Océanie.

La baie de Papetoai, très belle également, est moins prisée des marins.

Récifs, canal circulaire. — Une ceinture de récifs coralliens, sur lesquels la mer vient se briser, entoure Tahiti d'un large canal aux eaux absolument calmes, voie de communication précieuse pour les pirogues et les embarcations. Malheureusement cette ceinture est loin d'être complète ; la violence du vent et par suite l'état de la mer ont empêché les madrépores d'élever partout leurs barrières et, de la pointe Vénus aux îlots d'Hitiaa d'une part et du littoral de la presqu'île de Mitirieu aux îlots de Motohi, se trouvent deux grandes solutions de continuité.

PASSES. — En face de toutes les rivières, de tous les ruisseaux même de quelque importance, la présence de l'eau douce, en diminuant la salure de la mer, n'a pas permis aux animaux coralligènes de vivre et a par suite interrompu leur muraille, déterminant ainsi, dans la ceinture de récifs, des passes par lesquelles les plus grands bâtiments peuvent entrer. — En contournant ces récifs les navires peuvent venir mouiller très près de terre, parfaitement abrités par la barrière madréporique.

TAHITI. — Le littoral.

VOIES DE COMMUNICATION. — En dehors de cette voie incomplète, une route circulaire carrossable permet d'effectuer en voiture le tour de Tahiti.

Dans l'est de la presqu'île, l'absence de la bande du littoral causée par la brusque inclinaison des montagnes, qui viennent plonger d'une façon abrupte dans la mer, n'a pas permis de terminer la route de ceinture.

Le voyageur est donc contraint de faire à pied une grande partie du tour de Taiarapu.

Aucune voie commerciale de communication ne permet

le transport par l'intérieur de l'île suivant un de ses dia-
mètres, mais les amateurs d'excursions ne manquent
jamais de la traverser par le col d'Urufaa et la belle vallée
du Papenoo ; c'est le complément naturel de l'excursion
au lac Vai-hiria.

Une route circulaire fait également le tour de Moorea
et un sentier permet de se rendre à pied du district de
Papetoai à l'autre côté de l'île, par l'intérieur.

POPULATION. — Tahiti possède 11,200 habitants environ :
et est divisée en 18 districts : 13 dans l'île, 5 dans la presqu'île. Moorea possède un peu moins de 1,600 habitants et
est divisée en quatre districts.

ILOTS DE TETIAROA. — Ces îlots très bas et couverts
aujourd'hui des cocotiers qu'y a fait planter la Grande
Reine, dépendent d'Arue (Aroué), district de Tahiti.

ILOT DE MEETIA. — Cratère éteint, élevé de 435 mètres,
cette petite île est située à 60 milles environ de l'est de
Taiarapu. On ne peut y accoster même en embarcation que
par beau temps. L'eau douce y manque. Un vieil indigène
du district de Tautira (Tahiti) y a élu domicile depuis
vingt ans et s'y livre à l'élève des porcs. Il reçoit souvent
la visite de ses compatriotes de Tautira, qui viennent
y faire la récolte des cocos.

ETHNOGRAPHIE. — L'origine des Polynésiens a été l'objet
de discussions scientifiques dans lesquelles le cadre étroit
de cet ouvrage ne nous permet pas d'entrer.

Disons seulement que les conclusions de la plupart des
écrivains qui ont voulu retracer l'histoire ou l'origine des
migrations polynésiennes, avaient toutes chances d'être
faussées par les raisons suivantes : ignorant presque tous
la langue et les divers dialectes malayo-polynésiens et
malais, les noms des plantes, des animaux et les appellations
des localités des îles polynésiennes, beaucoup n'avaient

même jamais vu un Maori, si bien que l'un d'eux en arriva à créer la fable étrange du polynésien blanc, fable qui a été accueillie dans les centres scientifiques de la Nouvelle-Zélande par une douce hilarité.

Sans nous attarder à ces discussions nous avons adopté la théorie de M. E. Raoul qui concorde avec les légendes et les traditions, s'appuie sur des vérités indiscutables, a pour elle la synonymie botanique, la linguistique tout entière, et est enfin consacrée par la morphologie crânienne.

Suivant ce voyageur, les Polynésiens ne seraient pas partis d'un point unique du monde (c'est également l'opinion d'Élisée Reclus) mais bien de diverses régions de la Malaisie. Toutefois, il lui paraît possible qu'une migration soit partie de Java-iki (Jaya la sacrée) et une autre de Savaï (île de Céram), îles dans l'intérieur desquelles se trouvent encore des populations qui lui ont offert, avec celles de la Polynésie, des analogies frappantes, anthropologiques, linguistiques et traditionnelles.

Nombreux sans doute furent les exodes qui peuplèrent l'Océanie, mais on peut affirmer qu'il y en eut au moins deux. Les Sandwich, les Marquises, les Tuamotu, les Tubuai, les Cook et la Nouvelle-Zélande ont, en effet, un dialecte qui révèle un même peuplement effectué par une migration légèrement différente de celles qui peuplèrent les autres îles; les conclusions fournies par la linguistique sont d'ailleurs encore ici étayées par la morphologie crânienne.

Les Maoris qui colonisèrent la Nouvelle-Zélande vinrent en grande partie de l'Océanie orientale.

C'est surtout de Raï-Havaï ou Raivavae, de Rouroutou (Rurutu) et de Rima-tara (archipel des Tubuai), de Rourou-iti (île Hervey) et de O Heevaï (Raro-tonga archipel Manaia) que partirent ces émigrants dont les premiers découvrirent la Nouvelle-Zélande. Ces migrateurs, poussés par des vents contraires sur les côtes de la Nouvelle-Zélande, étaient en quête d'une autre terre. Décimés par une guerre malheureuse, ils étaient partis sans doute à la recherche de la Tonga de l'ouest (Tonga-tabou) dont une colonie de Tongiens arrivés à une époque qu'on ne peut préciser avait fait connaître l'existence. Ces Tongiens avaient colonisé Oheevaï, que les Tahitiens nommèrent dèslors Tonga sous le vent : Raro-Tonga.

Les Tahitiens, et d'une façon générale les Malayo-Polynésiens, constituent une race magnifique, d'une grande beauté de formes. Lorsqu'un apport de sang européen n'est pas venu modifier leurs caractères antérieurs, fait qui est devenu la règle aujourd'hui, leur couleur varie du chocolat foncé au chocolat clair. La légende du Polynésien cuivré est, suivant M. E. Raoul, aussi fantaisiste que celle du Polynésien blanc, la teinte « cuivrée » n'appartenant d'ailleurs à aucun groupe ethnique et ne se rencontrant, d'après ce voyageur, même chez les peuples de l'Amérique, que lorsqu'ils se sont peints le corps avec du cinabre ou du rocou. Au point de vue moral cette race s'était élevée, dans certaines îles comme Tahiti, à une civilisation assez avancée qui décelait de grandes qualités dont l'affabilité, la douceur, l'hospitalité, étaient les caractéristiques.

Le vol et l'assassinat sont à peu près inconnus à Tahiti. Les indigènes, d'une bravoure chevaleresque, ne frappent jamais un ennemi par surprise, et ils s'indignent quand on attaque des ennemis sans les prévenir.

Des divers éléments qui ont concouru à la formation du groupe ethnique dit malayo-polynésien, c'est le type malais et non le type prémalais qui domine dans la physionomie, tandis que la taille dépasse ou atteint celle des plus beaux hommes de la Malaisie ou même de l'Asie méridionale.

La Tahitienne est en général un modèle de statuaire, quelquefois ses traits ont un peu trop l'accentuation de la Malaise, mais « ses yeux grands et noirs sont si beaux et si purs, ses lèvres, quoiqu'un peu grosses, forment, avec sa dentition magnifique de régularité et de blancheur, un ensemble d'une expression si douce et si voluptueuse sans effronterie, qu'il est impossible de se dérober à l'admiration qu'elle cause[1] ». Sa chevelure, d'un noir d'ébène, est divisée au sommet en deux épaisses nattes qu'elle laisse flotter sur ses épaules ou dénoue suivant la mode. Sa physionomie est calme et ouverte, les préoccupations ou le chagrin ne s'y reflètent jamais.

Né sous un ciel sans hiver, sur une terre d'une fécondité merveilleuse, le Tahitien n'a qu'à lever le bras pour cueillir le fruit de l'arbre à pain et le féhi qui constituent la base de sa nourriture. Aussi bien ne travaille-t-il jamais, et la pêche, à l'aide de laquelle il varie son alimentation, est pour lui un plaisir dont il est très avide.

«Pendant qu'à l'extrémité opposée de la planète terrestre, hommes et femmes n'obtiennent qu'après un labeur sans répit la satisfaction de leurs besoins, pendant qu'ils se débattent dans les convulsions du froid et de la faim, en proie à la misère et à toutes les privations, Tahitiens et Tahitiennes au contraire, heureux habitants des paradis ignorés de l'Océanie, ne connaissent de la vie que les douceurs. Pour eux, vivre c'est chanter et aimer[2]. »

Vues et types. — Toute l'île de Tahiti est curieuse et mérite d'être visitée en détail. Du passé, il ne reste presque plus rien, les anciens forts maoris sont presque tous détruits ; seuls les maraes, autels en pierre ou en coraux du

1. Van der Veene. *Conférence sur Tahiti.*
2. E. Raoul. *Tahiti.*

culte d'autrefois, se sont conservés en assez bon état. Comme curiosités naturelles il importe de visiter les grottes de Maraa. Séparées de la mer par la route de ceinture, ces grottes peuvent être visitées en pirogue.

La rivière d'Hitiaa, près du lieu où elle se jette dans la mer, et les hautes montagnes entre lesquelles elle coule, présente un tableau des plus pittoresques. L'entrée des vallées, lorsque surtout il est donné, comme à Faùtahua, d'apercevoir au fond le majestueux Diadème, offre encore un spectacle dont on ne saurait se lasser. Mais ce qui parle le plus à l'imagination, c'est le panorama incomparable qui se déroule devant le touriste qui n'a pas craint de gravir les hauts sommets des montagnes de Tahiti : Papeete, dans un fouillis de verdure, l'île de Moorea, derrière laquelle se couche le soleil, la presqu'île de Taiarapu, dans la direction de son lever, sont des vues qu'on n'oublie plus, quand il a été donné de les contempler une seule fois.

Pomaré IV, *la Grande Reine.*

Les paysages tahitiens sont en général plus gracieux, plus coquets qu'imposants. Les pics fantastiques des sommets crénelés ou étrangement découpés des montagnes de Moorea ont, au contraire, un aspect sévère, que certains couchers de soleil rendent presque terrifiants.

TAHITI. — Route de Papeari.

CHAPITRE III

Administration.

ÉTABLISSEMENTS FRANÇAIS DE L'OCÉANIE.

Conseil privé. — Conseil général. — Régime municipal. — Justice. — Cultes. — Instruction publique. — Budget. — Trésor. — Services financiers. — Régime économique et douanier. — Propriété. — Villes principales. — Moyens de défense à terre. — Marine.

Le commandement général et la haute administration des établissements français de l'Océanie sont confiés à un gouverneur sous l'autorité directe du ministre chargé des colonies.

Le gouverneur a sous ses ordres immédiats pour diriger les différentes parties du service :

1º Deux chefs d'administration : un directeur de l'intérieur et un chef du service judiciaire ;

2º Trois chefs de service : le chef de service administratif, le trésorier-payeur et le chef du service de santé.

CONSEIL PRIVÉ. — Un conseil privé consultatif éclaire les décisions du gouverneur et participe à ses actes dans des cas déterminés.

Ce conseil est composé du gouverneur, du directeur de l'intérieur, du chef du service judiciaire, et de deux conseillers privés nommés par décret, sur la présentation du gouverneur et pour une période de deux années.

Deux suppléants remplacent au besoin les conseillers privés titulaires.

Lorsque le conseil est appelé à prononcer sur les matières du contentieux administratif, il se constitue et fonctionne conformément aux dispositions du décret du 5 août 1881.

Le gouverneur exerce l'autorité militaire et civile; il est chargé de la défense intérieure et extérieure de la colonie. Toutefois, il cessera d'être responsable de la défense extérieure des établissements lorsqu'en temps de guerre, l'amiral commandant en chef la division du Pacifique aura requis les bâtiments de la station locale. Il a le commandement supérieur des troupes de toutes armes dans l'étendue de son gouvernement. Il a sous ses ordres celles des bâtiments de l'État qui sont attachés au service de la colonie et en dirige seul les mouvements.

CONSEIL GÉNÉRAL. — Un conseil général de dix-huit membres élus au suffrage universel et au scrutin secret a, dans ses attributions, presque toutes les matières qui sont dévolues en France aux conseils généraux. Il possède, en outre, le droit de voter les tarifs d'octroi de mer sur les objets d'importation de toute nature, de toute provenance, et donne son avis seulement sur les tarifs, le mode d'assiette et les règles de perceptions des douanes à appliquer dans la colonie. Une commission coloniale composée de cinq membres est élue chaque année, à la fin de la session ordinaire, par le conseil général.

Pour être éligible au conseil général il faut parler, lire et écrire le français, être âgé de vingt-cinq ans accomplis et être domicilié dans la colonie.

Papeete nomme quatre conseillers, le reste de Tahiti et Moorea six, les Marquises deux, les Tuamotu quatre, les Gambier un, les Tubuai et Rapa un.

RÉGIME MUNICIPAL. — Le régime municipal a été organisé par une loi de l'assemblée de la colonie en date du 6 avril 1866, qui donne à chaque district un conseil composé de cinq membres : le chef du district président du conseil, le député du district, trois huiraatira, conseillers élus pour trois ans par les habitants indigènes du district.

En outre de la connaissance des contestations relatives à la propriété des terres, ces conseils de district ont des attributions très larges allant jusqu'à l'obligation d'assurer dans les districts l'exécution des lois et règlements en vigueur ainsi que des ordres donnés par le gouvernement en vertu de ces lois et règlements.

JUSTICE. — L'administration de la justice est réglée par les actes suivants :

Décrets du 18 août 1868 sur l'organisation judiciaire, promulgués par arrêté du 16 mars 1869; — décret du 28 novembre 1866 sur l'organisation judiciaire (*Bulletin officiel* 1869, pages 42-51); — décrets du 1er juillet 1880 sur la réorganisation judiciaire et décret du 27 mars 1879 sur les pourvois en cassation et en annulation, promulgués par arrêté du 5 février 1881 (*Bulletin officiel* 1881, pages 42-49); — décret du 9 févriver 1883 sur les magistrats intérimaires promulgué par arrêté du 7 juin 1883 (*Bulletin officiel* 1883, page 206).

La justice est rendue par des tribunaux français connaissant de toutes les affaires civiles, commerciales et criminelles, et par des tribunaux indigènes dont la compétence est limitée aux contestations relatives à la propriété des terres entre indigènes.

Les affaires relatives aux terres et aux titres provenant des ancêtres sont portées d'abord devant le conseil du district et jugées en dernier ressort par la haute cour indigène ou tribunal des toohitu siégeant à Papeete (acte du protectorat du 9 septembre 1842; lois du 30 novembre 1855, 28 mars 1866 et 30 novembre 1880). Les jugements de la haute cour peuvent être cassés pour vice de formes par une ordonnance du roi et du gouvernement. Ce dualisme dans l'administration de la justice va disparaître par l'abolition des réserves consentie par le roi.

Le tribunal de première instance est composé du juge président, du lieutenant de juge, qui remplit en même temps les fonctions de juge d'instruction et de greffier.

Le tribunal supérieur ou cour d'appel est composé du président, de deux juges et du procureur de la République, chef du service judiciaire.

Il existe à Taravao et à Moorea des justices de paix. A Fakarava (Tuamotu), à Rikitea (Gambier), à Taiohae et à Tahuku (Marquises) et enfin à Tubuai, Raivavee et Rapa, ces justices de paix à compétence étendue ont pour juges l'administrateur ou le sous-administrateur de ces archipels.

Les fonctions de notaires sont remplies, en Océanie, par le greffier qui prend le titre de greffier-notaire.

Des défenseurs sont attachés aux tribunaux et postulent pour les parties en même temps qu'ils plaident.

CULTES. — La majorité des habitants de Tahiti appartient à la religion protestante, trois pasteurs français sont chargés du service religieux et payés sur les fonds de l'État.

Un décret du 23 janvier 1880 a créé dans les établissements français de l'Océanie un synode qui administre les églises protestantes. Le président du synode habite Papeete.

La religion catholique à laquelle appartiennent plus particulièrement les habitants des Marquises, des Tuamotu et des Gambier, a pour ministres un évêque résidant à Papeete et un grand nombre de missionnaires de la congrégation de Picpus.

Des frères de la doctrine chrétienne dirigent des écoles de garçons; des sœurs de l'ordre de Saint-Joseph de Cluny dirigent à Papeete un pensionnat de jeunes filles et sont affectées à l'hôpital militaire.

Indépendamment de ces deux cultes, on rencontre à Papeete un petit nombre de mormons, habitants des Tuamotu, réfugiés sur un plateau du district de Punaavia (Pounavia) où ils ont construit un temple. Ces mormons qui sont assez nombreux aux Tuamotu pratiquent la monogamie.

Enfin un certain nombre de Chinois ont pour culte le bouddhisme.

INSTRUCTION PUBLIQUE. — On ne compte actuellement dans la colonie que trois instituteurs et deux institutrices envoyés par le département, tous les autres ont été nommés par des décisions locales.

Les écoles publiques de Tahiti et de Moorea sont laïques, à l'exception de celle des filles de Mataiea, qui est tenue par les dames de Saint-Joseph de Cluny.

ÉCOLES LIBRES. — La subvention de 10,000 francs inscrite au budget de 1887 a été répartie aux instituteurs libres par décision du 11 janvier 1888 (*J. O.* du 19 janvier) conformément aux avis exprimés par le comité de surveillance de l'Instruction publique et la commission coloniale.

Il y a aux Marquises trois écoles publiques de garçons;

Une école publique de filles à Taiohae tenue par les dames de Saint-Joseph de Cluny;

Une école libre mixte à Hanaveve tenue par la mission catholique;

Une école libre de filles à Atuana (Atouana), tenue par les dames de Saint-Joseph de Cluny.

Aux Tuamotu, un missionnaire est chargé des écoles de l'Ouest; trois autres dirigent l'école d'Anaa et les écoles de l'Est. Trente écoles sont, en outre, tenues dans les différentes îles par des instituteurs indigènes.

Des missionnaires aux Gambier, des instituteurs indigènes à Tubuai et à Raïvavae, complètent le personnel enseignant de la colonie. A Rapa, le brigadier de gendarmerie Deflin a ouvert une école qui fonctionne régulièrement sous la direction de son successeur le gendarme Bruno.

BUDGET, TRÉSOR, SERVICES FINANCIERS. — Le budget colonial comprend, pour les établissements français de l'Océanie, une somme de 1,189,001 fr. 54, à laquelle il faut ajouter la solde et les frais de passage de la garnison qui sont à la charge du budget de la marine.

Le budget local comprend toutes les dépenses du service intérieur de nos établissements; il s'élève en recettes et en dépenses à 1,077,998 fr. 35.

La subvention métropolitaine s'élève à 47,220 francs.

Le service du Trésor est dirigé par un trésorier-payeur à Papeete et des agents spéciaux aux Tuamotu, aux Marquises, aux Gambier, à Tubuai, Raïvavae et Rapa.

Le service local a également des agents à Taravao et à Papetoai (Moorea).

La banque de l'Indo-Chine a été autorisée récemment à établir une succursale à Tahiti.

VILLES PRINCIPALES. — Papeete. — Bâtie dans une partie

LA RIVIÈRE DE VAITAPIHA DANS LE DISTRICT DU CHEF ARIIE (TAUTIRA).

de l'île où la bande du littoral est étroite, Papeete s'étend en longueur sur un espace d'environ un kilomètre. Son aspect est assez séduisant; sauf dans quelques rues plus spécialement consacrées au commerce, telles que la petite Pologne et les quais, la plupart des maisons sont entourées d'un jardin. Papeete est limitée à l'est et à l'ouest par deux ruisseaux qu'on traverse sur des ponts carrossables.

La pointe de Fare-ute, sur laquelle se trouve l'arsenal, ferme la rade du côté de l'est; sur cette pointe il a été construit une cale de halage sur laquelle pourraient être réparés des navires de 300 tonneaux.

La reconstruction de cette cale est due à l'initiative et à la persévérante ténacité de M. Bonet, alors directeur de l'arsenal, qui en avait conçu le plan.

Parmi les constructions dignes d'intérêt, citons la nouvelle caserne et surtout les ateliers de l'artillerie de marine qui suppléent à l'absence de fonderies et d'ateliers de réparations pour les navires; le palais du roi, le Gouvernement, la cathédrale catholique et les temples protestants, le tribunal, le marché couvert et l'hôpital.

A quelque distance de Papeete, à Mamao, se trouve le jardin d'acclimatation, de création récente, dans lequel se trouvent réunis un grand nombre de plantes utiles et de fruits nouveaux, qui ont été introduits dans l'île par la mission Raoul.

Le cadre trop étroit de cet ouvrage ne nous permet pas de donner l'énumération de tous ces végétaux; mais il est utile de citer comme exemple de la fertilité prodigieuse du sol tahitien le fait suivant: des eucalyptus de région intertropicale et des acacias à tanin, semés il y a deux ans, ont déjà atteint plus de dix mètres de hauteur.

MOYENS DE DÉFENSE A TERRE ET STATIONS NAVALES. — Tahiti

possède une garnison de 150 hommes d'infanterie et de 75 d'artillerie, au total 225 hommes, disposant d'un matériel d'artillerie composé de 17 canons de $0^m,16$, modèle 1858-60, se chargeant par la bouche.

Dans l'isthme de Taravao, se trouve un port excellent, appelé port Phaéton, bien fermé et qui serait très facile à défendre, si les ressources de la colonie permettaient

TAHITI. — Case européenne.

d'y créer un arsenal et un dépôt de charbon. C'est le seul port de la colonie dont la défense soit possible.

MARINE. — La station locale se compose de la *Vire,*

aviso-transport de 150 chevaux et de 6 canons, et de quatre goélettes, l'*Aorai*, l'*Orohena*, le *Nuhiva* et le *Taravao*.

Ces goélettes, de 17 à 20 hommes d'équipage, portant chacune 2 canons, sont affectées aux établissements secondaires.

La division navale du Pacifique, dont le centre est à Papeete, se compose du bâtiment amiral, croiseur à batterie de 1,700 chevaux et de 24 canons, de deux croiseurs de 2° rang et d'un croiseur de 3° rang.

Dupetit-Thouars.

TAHITI. — Pont de Punaavia.

CHAPITRE IV

Économie politique et sociale.

Productions du sol de Tahiti. — Productions industrielles. — Coton égrené.
— Farine de coco. — Pia. — Élevage. — Valeur des animaux. — Commerce d'importation et d'exportation. — Caisse agricole et terres. — Immigration. — Main-d'œuvre. — Condition du travail. — Salaires. — Moyens de communication entre la colonie de Tahiti et les pays avec lesquels elle est en relations.

L'île de Tahiti étant le centre économique de nos possessions, le présent chapitre lui est plus spécialement consacré. Nous donnerons dans les chapitres distincts concernant les divers archipels les renseignements économiques qui leur sont particuliers.

PRODUCTION DU SOL. — Le sol de Tahiti est d'une fertilité inouïe. La plupart des plantes de la zone intertropicale

qui y ont été introduites se sont naturalisées spontanément.
Si la végétation luxuriante témoigne hautement par son
abondance de la richesse du sol, par contre la flore indigène
est, au point de vue du nombre des espèces, d'une pauvreté
remarquable. Tahiti était un des pays les plus mal partagés
sous ce rapport; en comptant toutes les plantes, les plus
petites et les plus modestes, telles que les mousses et les li-
chens, on arrive à un total de 520 espèces indigènes. Mais, si
la flore est pauvre, la qualité et l'utilité des espèces repré-
sentées viennent racheter largement ce défaut. Le sol se
prête d'ailleurs si merveilleusement à presque toutes les cultures, que le nombre d'espèces introduites et naturalisées est
déjà plus de trois fois supérieur à celui des espèces indigènes.

PLANTES. — Les principales plantes utiles de Tahiti sont,
d'après M. E. Raoul, les suivantes :

1° *Le feï (musa-fehi, musacées);* n'étant pas sucré, ce
fruit peut être mangé avec le poisson et toutes espèces
d'aliments. Le goût du feï ne plaît pas à tous les Européens. Pour l'aimer, il faut être habitué dès l'enfance à sa
saveur particulière. C'est en effet avec la *popoï-feï* qu'on
nourrit les nouveau-nés; cet aliment, d'un beau jaune
d'or, s'obtient en délayant de la pulpe de feï cuit avec
un peu d'eau de coco.

2° *L'arbre à pain (Artocarpus incisa, artocarpées).*
L'arbre à pain *Uru (maiore* en néo-tahitien), produit
un fruit farineux, lequel, cuit au four, est d'un goût excellent et constitue avec le *feï* et le *taro* la base de l'alimentation des indigènes.

3° *Le cocotier (Cocos nucifera, palmiers).* Le cocotier,
haari, est aussi, avec l'arbre à pain, le feï, le taro, une
des plantes les plus utiles aux Polynésiens. Le cocotier est
très commun à Tahiti et à Moorea.

Pour faire une plantation de cocotiers, il suffit de mettre

en tas ou simplement dans un lieu humide et chaud des cocos bien mûrs; quand les feuilles ont fait leur apparition à travers la bourre, on plante les cocos germés dans des trous, à huit mètres les uns des autres, à cinq mètres seulement si l'on plante sur un sol corallien où l'on ne peut espérer faire de l'herbe en dessous.

Le cocotier commence à rapporter à six ans et demi ou sept ans et demeure en plein rapport pendant au moins un siècle.

En exprimant par des moyens mécaniques le coco frais râpé, on obtiendrait une huile pure, limpide, suave, et un tourteau dont les propriétés adipogènes sont prodigieuses. Il suffit de quelques poignées de ce tourteau données chaque jour à un porc, à l'exclusion de toute autre nourriture, pour l'engraisser rapidement.

Des expériences entreprises sur des chevaux de cavalerie ont révélé qu'aucune autre substance n'égalait le tourteau de cocotier pour l'alimentation de la race chevaline.

Cent cocos donnent environ 15 litres d'huile. C'est avec l'huile fraîche de coco, parfumée au moyen de santal ou de sommités fleuries, que les Tahitiens préparent le fameux *monoï* qui sert à oindre et à parfumer la chevelure des jeunes filles. Si l'on ne veut pas fabriquer soi-même de l'huile, on peut exporter le fruit du cocotier sous forme de coprah. Marseille reçoit tous les ans, sous cette forme, une quantité considérable d'amandes.

Le coprah se vend de 0 fr. 20 à 0 fr. 30 le kilo.

L'huile de coco se vend de 700 à 950 francs la tonne.

Les sécheresses exceptionnelles des six dernières années, sécheresses telles que l'eau a manqué en 1888 et 1889 dans nombre de points de la partie sous le vent de Tahiti, ont déterminé une pullulation extraordinaire du parasite du cocotier (*Aspydiotus conchyformis*). Cet insecte qui, dans l'Amérique du Sud et au Brésil, s'attaque aux cotonniers, ravage surtout à Tahiti les cocotiers; il n'y a été étudié d'une façon réellement scientifique que par le Dr E. Vincent, qui le premier signala son existence à Atimaono en 1871[1].

4° *Le taro (Colocasia esculenta, aroïdées).* Les rhizomes des nombreuses variétés de taro qui croissent à Tahiti constituent un aliment d'une finesse et d'un goût exquis.

Pour faire une plantation de taros, il suffit de planter en un terrain très humide, et de préférence marécageux ou vaseux, des morceaux du sommet du rhizome auquel on laisse quelques feuilles naissantes ou quelques pétioles; cependant, si le terrain est par trop marécageux, il est préférable qu'il soit drainé pendant les premières semaines de la plantation.

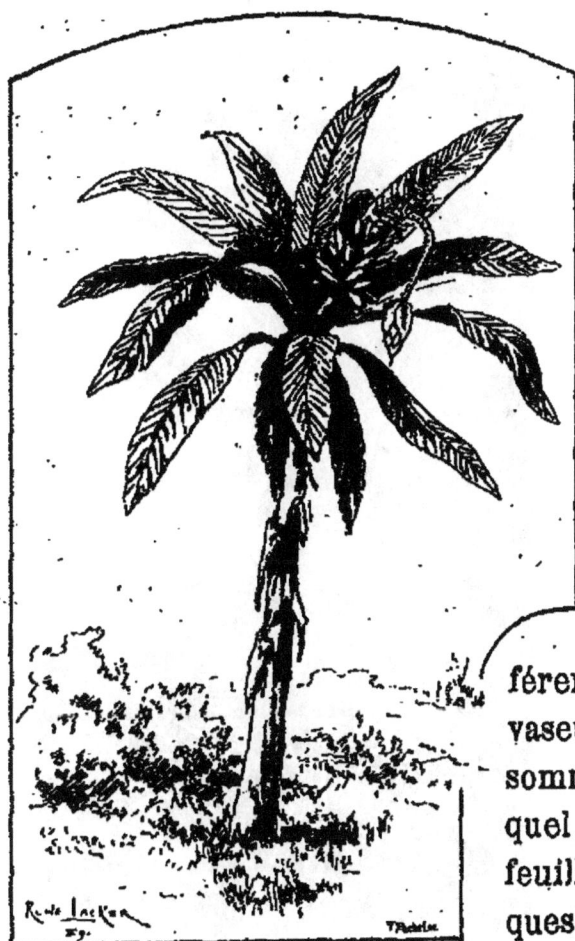

Bananier feï.

On plante de préférence quelques jours avant la saison pluvieuse au fond d'un trou de 0{m},25 à 0{m},35 de profondeur. On récolte du huitième au quatorzième mois des

1. *Journal officiel* de la République française en date du 19 novembre 1889.

rhizomes dont le poids varie d'un à deux kilogrammes,
et seulement de 500 à 1,000 grammes dans certaines variétés
d'ailleurs un peu plus hâtives et dont la teneur en fécule
est en moyenne du
tiers de leur poids.

Le taro ne se con-
serve pas au delà de
quinze jours après sa
récolte, à moins de le
placer dans un endroit
bien sec ; alors la con-
servation peut se pro-
longer durant un mois.

5° *La canne à sucre
(Saccharum officina-
rum, graminées).* La
canne à sucre désignée
sous le nom de *to* à
Tahiti, passe pour être
originaire de cette île
où Cook et Bougain-
ville la trouvèrent à
l'état sauvage et d'où
elle fut transportée
dans d'autres colonies,
notamment aux Antilles
et à Bourbon.

Cocotiers.

Il en existe à Tahiti
sept variétés cultivées et deux variétés sauvages.

Ces cannes donnent, d'après les essais de M. Cuzent, un
quart de jus et un sixième de sucre cristallisable de plus
que les cannes de nos autres colonies.

Malgré ces belles conditions et la fertilité prodigieuse

du pays, la main-d'œuvre est si rare à Tahiti, que cette île ne fournit pas assez de sucre pour la consommation locale. Voici le nom des variétés tahitiennes cultivées : rutu — oura — vaïhi-nono — piavere — irimotu — avaï — ute.

6° *Le cotonnier* (*Gossypium taïtense, vavaï* en tahitien). Tahiti est la terre d'élection de cette culture. Les cotons cultivés à Tahiti sont les plus beaux du monde et ont obtenu longtemps la première marque sur les marchés de Londres, distançant de fort loin leurs rivaux. Le coton de Tahiti a obtenu à Liverpool des prix dépassant 3 francs le kilogramme.

Les graines du cotonnier fournissent de l'huile d'une vente courante. Un chimiste déjà cité leur assigne un pouvoir nutritif très considérable. Elles contiendraient près du tiers de leur poids de substance albuminoïde et pourraient être ainsi utilisées pour la nourriture des animaux.

7° *L'oranger* (*Citrus aurantium, aurantiacés*). L'orange de Tahiti est à juste titre réputée la meilleure du monde. L'oranger n'est pas à Tahiti l'objet d'une culture régulière. Naturalisé dans les fraîches vallées de l'intérieur, il pousse un peu partout au hasard, végétant bien sur tous les points, sauf cependant dans les localités sèches ou déboisées du littoral, où il n'est pas rare de voir mourir ceux qu'on y avait plantés et qui y avaient cru naturellement à l'époque où ces régions étaient encore boisées. Les oranges d'Haapape et d'Arue sont les meilleures de Tahiti. Celles de Huahine, de Tubuaï et de Mangareva, les meilleures des archipels.

L'exportation des oranges est une des sources de revenu de Tahiti.

On fabrique avec les oranges de Tahiti une boisson agréable, appelée eau-de-vie d'orange par les Européens, *namu* ou plutôt *ava-anani*, par les Tahitiens.

Ce liquide, aussi agréable que capiteux, se prépare en faisant fermenter pendant quarante-huit heures en vase clos, généralement dans un baril, le suc exprimé d'oranges mûres. Le baril doit être placé dans un lieu frais.

8° *Le café (Coffea arabica, rubiacées)*. Le café vient admirablement bien dans toutes les îles de l'archipel et est de fort bonne qualité.

Le caféier y fleurit deux fois par an — en mars et en septembre; il réussit bien dans les districts humides où il se naturalise promptement.

Les cafés de Tahiti et de Moorea trouvent preneur sur place au prix peu élevé de 2 francs le kilogramme.

Celui de Raro-Tonga (archipel de Cook) est très estimé en Océanie.

Le caféier de Libéria peut vivre à Tahiti. Il exige beaucoup de chaleur et pourrait être cultivé plus avantageusement aux Marquises. Il est beaucoup moins parfumé que le café de Moka introduit dans l'île.

9° *La vanille (Vanilla aromatica, orchidées)*. — Quoiqu'elle ne soit pas originaire de Tahiti, la vanille réussit très bien dans les vallées humides et ombreuses; elle n'a pas encore acquis la réputation qui lui viendra certainement quand on aura appris à la préparer et surtout quand la variété médiocre, qu'on avait seule pu se procurer au début, aura été partout remplacée par les plants récemment introduits dans la colonie. Ces plants, provenant des espèces les meilleures du Mexique et de Bourbon, ont les feuilles plus larges, plus épaisses et plus rondes que la vanille à feuilles pointues, presque lancéolées, actuellement cultivée.

10° *Tabac*. — Des variétés de tabac introduites récemment à Mamao ont donné des feuilles qui ont obtenu, dit-on, la cote maxima sur les marchés anglais et belges.

Telles sont les principales productions végétales actuelles des îles de la Société, productions qui suffiraient à enrichir ces contrées s'il existait des bras pour les exploiter; mais il ne faut pas perdre de vue que tous les produits de la zone intertropicale se naturalisent sur le sol fertile du littoral tahitien, et que, parmi les plantes introduites au jardin botanique de Mamao, il en est certainement un grand nombre qui se naturaliseront d'elles-mêmes dans le pays.

PRODUCTIONS INDUSTRIELLES. — Dans un pays où il n'existe pas de travailleurs, on conçoit sans peine que les industries ne sauraient être nombreuses.

Aussi bien se réduisent-elles, en dehors de la fabrication du coprah et de l'huile de coco, à quelques usines pour la fabrication du rhum et du sucre.

L'égrenage du coton a, croyons-nous, été à peu près abandonné faute de main-d'œuvre et n'est guère plus entrepris que par une maison.

Cependant, dans ces derniers temps, M. Robin procédait à des expériences pour la fabrication de la cellulose de coco, produit employé pour obtenir l'obturation automatique de la carène des navires de guerre et par suite leur insubmersibilité.

Signalons aussi la fabrication de la farine de coco ou, pour être plus exact, du coco râpé, industrie importée à Tahiti par M. Goupil, qui a depuis trouvé des imitateurs.

La farine de coco est usitée dans la pâtisserie et trouve aux États-Unis un assez large débouché.

La consommation de ce produit a été introduite de Tahiti en Australie, en Nouvelle-Zélande, en Allemagne et en Espagne.

Elle est à peine connue en France, mais est très usitée en Angleterre. L'exportation de farine de coco, qui ne s'élevait qu'à 19,431 kilogrammes en 1884, époque où elle fut entreprise à Tahiti, s'élèvera en 1889 à près de 100,000 kilogrammes.

Cette industrie, comme toutes les autres d'ailleurs, serait une source de richesse pour le pays, si la main-d'œuvre n'y faisait pas complètement défaut.

Enfin les goyaves, si abondantes à Tahiti, sont utilisées par une fabrique de bonnes gelées et d'excellentes marmelades.

Quelques habiles forgerons-charrons et menuisiers ont formé des apprentis et pourvoient aux besoins de Tahiti et des îles voisines.

Une briqueterie a été fondée à Fautahua. Deux brasseries fabriquent de la bière et aussi quelques autres boissons.

Deux imprimeurs font concurrence à l'imprimerie du gouvernement.

Nous ne citons que pour mémoire la fabrication de l'arrow-root obtenu à l'aide du pia (*tacca pinnatifida*), plante indigène dont les hampes d'une éblouissante blancheur servent à la fabrication des chapeaux, fabrication dans laquelle les Tahitiennes montrent beaucoup de goût et d'habileté.

ÉLEVAGE. — Autrefois la vaine pâture existait dans les deux îles.

Aussi, malgré la rareté des fourrages, les animaux, ayant des espaces immenses pour en chercher, se développaient en toute liberté ; la viande était abondante et d'assez bonne qualité. Lorsque les progrès de l'agriculture et les réclamations des indigènes firent supprimer la vaine pâture, il fallut faire venir, à grands frais des Marquises et des Sandwich, les bœufs nécessaires à l'alimentation.

En raison de l'extrême rareté des fourrages dans l'île, il

était difficile de faire en grand de l'élève sur une habitation, fût-elle aussi vaste que celle d'Atimaono.

L'acclimatation à Tahiti de l'herbe du Para et de quelques
autres fourrages a rendu l'élevage possible. Néanmoins il
serait nécessaire d'introduire à Tahiti des vaches de race
tarentaise ou de race javanaise, espèces dont les métis
donnent plus de lait et supportent mieux le climat que
celles qu'on y trouve actuellement.

A Tahiti, les chevaux réussissent très bien; ceux des
Tubuai ont une bonne réputation dans l'archipel; ils sont
sobres et ont le pied sûr. Les moutons viennent mal, les
chèvres ne réussissent que trop bien, car, par la destruc-
tion des bourgeons et des repousses des jeunes plantes,
elles amènent le déboisement.

Les volailles sont sujettes à quelques maladies.

Quant au porc, il s'élève très facilement et trouve son
alimentation dans les fruits qui jonchent le sol.

Voici les prix de quelques animaux et de quelques produits :

Un cheval du pays..............	150 à 250	»
Une bonne vache....................	400	»
Un bœuf, sur pied, par kilogramme....	1 20	
Un porc...........................	1 10	
Une chèvre......................	10 à 15	»
Un mouton......................	25 à 35	»
Un dindon.	15 à 25	»
Un canard...................	5 à 7 50	
Une oie......................	20 à 25	»
Un coq...................	2 50 à 3	»
Une poule...................	2 50 à 3	»

Prix de la viande de boucherie abattue :

Bœuf, le kilogramme............	2 50 à 3	»
Mouton......................	2 50	
Porc........................	1 65	
Lait, le litre................	1	»

Œufs, la douzaine............... 1 80 à   2 »
Beurre frais, le kilogramme..........   10 »
Saindoux.........................   2 »

Comme on le voit, ces prix sont très rémunérateurs et une famille peut réaliser des bénéfices dans l'élève des animaux de boucherie et de basse-cour.

COMMERCE D'IMPORTATION ET D'EXPORTATION. — Le mouvement général du commerce s'est chiffré en 1887 par une somme de 6,314,512 fr. 44. Tahiti subit depuis quelques années une crise dont on peut se rendre compte par ce fait qu'en 1884 le commerce général portait encore sur neuf millions et demi de marchandises représentant une exportation de 5.025,797 fr. 05 et une importation de près de quatre millions et demi. Les exportations sont tombées en 1887 à 3,215,045 fr. 35 contre 3,099,467 fr. 09 à l'importation; encore dans ce dernier chiffre faut-il comprendre plus d'un million de marchandises transitant par Tahiti.

A l'exportation, les principaux produits sont : le coprah et le coco dont il a été exporté pour plus d'un million en 1887; le coton, qui figure à la sortie pour plus d'un demi-million; la nacre et les perles des Tuamotus pour un demi-million.

Les principaux produits importés sont : les cotonnades et les tissus dont Tahiti a demandé, en 1887, pour près d'un demi-million; les farines, dont il a été consommé pour 257,000 francs; les viandes salées et les conserves pour lesquelles la consommation a atteint 205,000 francs.

Cette crise momentanée tient à des causes multiples parmi lesquelles il faut citer la déchéance de la culture cotonnière, déchéance qui, grâce aux subventions mises à la disposition de la chambre d'agriculture, aux efforts de cette assemblée et à l'introduction de semences nouvelles, ne peut manquer de cesser avant peu.

COLONISATION ET TERRES. — La société française de colonisation fournit de grandes facilités aux agriculteurs qui veulent aller se fixer en Océanie. Ses ressources limitées ne lui permettent pas encore de distribuer des terres dans l'Océanie orientale, comme elle va le faire en Calédonie; mais la bienveillance des pouvoirs publics à l'égard de cette société, lui permet d'obtenir des passages gratuits pour les colons sérieux, désirant aller s'établir réellement dans une colonie française; elle aide ces émigrants de ses conseils et les recommande à ses agents et correspondants dispersés dans le monde entier.

Interdite complètement lors de l'arrivée des Français, autorisée en 1845, la transmission de la propriété foncière sera facilité par le décret du 24 août 1887, qui a réglementé l'inscription des terres appartenant aux indigènes.

Une caisse agricole rend de très grands services à l'agriculture. Isolés, les petits colons étaient dans l'impossibilité de faire transporter en Europe ou en Amérique les faibles quantités de produits récoltés, et ils devaient subir la loi de quelques gros exportateurs, auxquels il était toujours possible de se syndiquer pour acheter ces produits à vil prix.

La caisse agricole achète les produits des petits colons sans chercher aucun bénéfice dans cette opération, les centralise et les fait vendre sur les marchés européens. C'est un essai qui a déjà donné de très bons résultats.

IMMIGRATION. — Une décision administrative en date du 9 juin 1862 ouvrait la colonie à l'élément océanien et réglait les conditions des contrats d'engagement de travail.

Deux dépêches, du 10 janvier et du 11 août 1863, approuvaient l'opération d'immigration entreprise par l'administration locale et l'autorisaient à continuer.

Le premier acte qui réglemente véritablement l'immigration est du 30 mars 1864. Il est rendu en exécution d'une dépêche du 15 janvier 1864, permettant d'autoriser MM. Soarès et Cⁱᵉ à recruter dans le Céleste-Empire et à introduire à Tahiti un certain nombre de sujets chinois.

Taros sauvages.

Entre temps, étaient publiés au *Bulletin officiel* de la colonie, à titre de renseignements indispensables à consulter mais sans qu'il y eût promulgation de ces actes :

1º Rapport du ministre de la marine et des colonies présentant le décret du 13 février 1852 ;

2º Décret du 13 février 1852 sur les immigrants dans les colonies françaises ainsi que sur les engagements et la police du travail ;

3º Décret du 27 mars 1852 concernant l'immigration des cultivateurs et ouvriers aux colonies ;

4º Projet d'arrêté, du 2 avril 1860, rédigé au sein du comité consultatif des colonies, sur la répartition des immigrants à leur arrivée et le régime de leur protection dans les Antilles.

Le 6 mai 1864, une lettre du commissaire impérial autorisait l'introduction à Tahiti d'un contingent de 500 à 1,000 indigènes des îles voisines, conformément aux dispositions générales de l'arrêté du 30 mars 1864. Toutefois, la durée du contrat de travail ne pouvait excéder trois années.

A l'expiration des contrats des Chinois, en 1871, un bâtiment de commerce, le *Rita*, fut affrété pour les rapatrier. Mais, sur leur demande, ils furent autorisés à résider à Tahiti.

Un arrêté local du 24 février 1883 place l'immigration sous la surveillance d'un conseil supérieur présidé par le directeur de l'intérieur, et crée un protecteur des immigrants ; un autre arrêté du 2 mai suivant règle provisoirement les droits des engagés et des engagistes et établit les bases de la surveillance administrative des contrats ; enfin un troisième, du 25 août de la même année, assure le rapatriement et le recrutement des immigrants au moyen d'un compte ouvert à ce service par la caisse agricole.

Les Chinois sont d'excellents travailleurs, si l'on en juge par les travaux agricoles qu'ils font aujourd'hui pour leur propre compte.

Par contre l'immigration chinoise ne laisse pas que d'être fort coûteuse. Les commerçants européens la redoutent avec raison, parce qu'ils voient dans les Chinois de futurs concurrents qui s'empresseraient de fortifier les maisons de leurs congénères par leurs tendances à l'association, ou en fonderaient d'autres.

Les Polynésiens sont, pour la plupart, peu portés au travail, tout d'abord parce qu'ils n'en ont pas l'habitude; mais ils s'assimilent plus facilement que les Asiatiques.

Les contrats qu'ils font

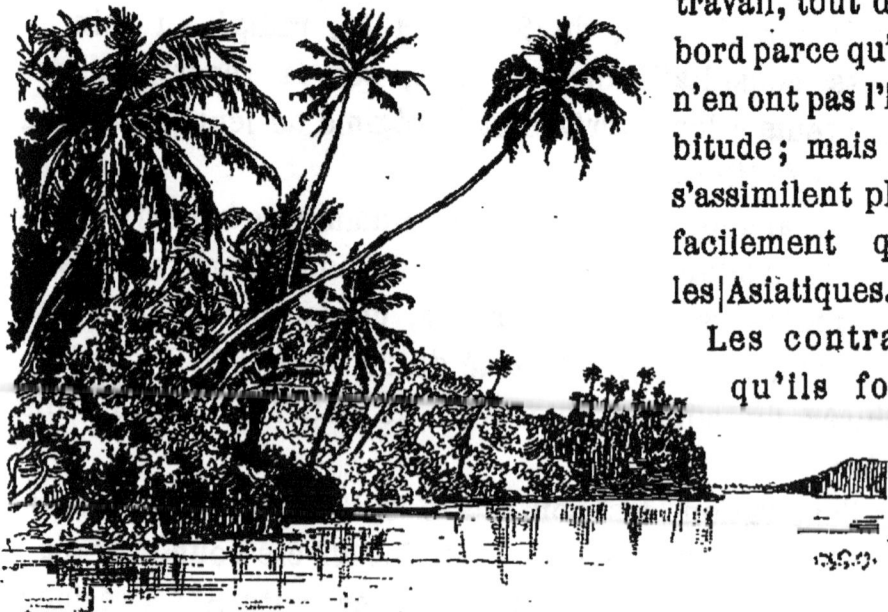

TAHITI. — La côte.

sont malheureusement d'une durée trop courte, surtout si l'on considère qu'ils perdent plus de six mois à s'initier aux travaux agricoles. Les meilleurs travailleurs sont les indigènes de l'île Niu (Salvage-Island): mais ils réclament un salaire élevé et ne s'engagent que pour un an ou deux au plus.

La question de l'immigration est une question de vie ou de mort pour Tahiti. Pour que la colonie se relève, pour qu'elle mette en valeur la terre la plus fertile du monde, il est indispensable de lui accorder les bras qui lui manquent.

La meilleure immigration pour nos colonies océaniennes serait l'immigration tonkinoise.

La population du Tonkin est, en effet, une des plus douces et des plus soumises qui soient au monde. Son caractère laborieux, sa sobriété extrême, ses aptitudes étonnantes en matière de confection d'ustensiles de pêche, de ménage, de vannerie, d'agriculture surtout, font du Tonkinois un immigrant hors ligne.

Or certaines parties du Tonkin regorgent d'une population tellement nombreuse, que le sol ne peut la nourrir qu'au prix d'un dur labeur.

Il serait sans doute possible de diriger sur celles de nos colonies qui manquent de bras le trop-plein de la population du Delta.

MAIN-D'ŒUVRE. — CONDITION DU TRAVAIL ET SALAIRES. — Aucune terre française au monde n'est, à ce point de vue, aussi peu favorisée que Tahiti, où les bras font complètement défaut. Les indigènes n'ayant pas besoin de travailler pour subvenir à leur alimentation, ils acquittent le prix des quelques objets de toilette dont ils ne peuvent se passer et le payement de l'impôt, en apportant au marché des fruits, des cocos, du poisson, des crustacés. S'étant ainsi procuré en quelques semaines la somme nécessaire à l'achat de l'objet dont ils ont besoin ou au payement de la taxe qu'ils doivent acquitter, les Tahitiens retournent bien vite aux charmes de la vie contemplative, à la pêche au flambeau par les nuits sans lune, aux excursions dans la montagne à la recherche du feï, que seules viennent interrompre pour eux les douceurs du *farniente* le plus absolu.

Cependant, dans quelques parties de l'île moins favorisées, il y a quelquefois, pour les indigènes dépourvus de terres, des moments où les produits à apporter au marché font défaut. Ils consentent alors, mais toujours d'une façon très intermittente, sans qu'on puisse le moins du monde compter sur eux, à louer pour quelques jours leur travail à l'Européen, moyennant un salaire de 3 francs par jour sans la nourriture. Un léger reproche, une parole un peu vive, un simple froissement, suffisent pour leur faire abandonner brusquement le propriétaire qu'ils avaient consenti à servir.

On ne sera donc pas surpris des salaires élevés qu'obtiennent les ouvriers d'art. Bien que Tahiti possède déjà une population européenne relativement nombreuse, menuisiers, maçons, selliers, charpentiers, charrons, forgerons, mécaniciens et ferblantiers n'y gagnent pas moins de 10 à 15 francs par jour; les boulangers, un peu plus nombreux, ne gagnent que 10 francs.

Nous avons pensé qu'il serait utile aux commerçants de trouver ici le prix des objets ou matières premières les plus indispensables pour les travailleurs. Voici les cours de 1889 :

PRIX

DES OBJETS USUELS ET DE LA MAIN-D'ŒUVRE.

Vivres.

Farine : 1re qualité, sac de 90 kilogrammes...	45f »
— 2e — — — —	40 »
Graisse, le kilogramme.........................	2 »
Huile, le litre.................................	3 50
Pommes de terre, le kilogramme.............	0 30
Poisson salé, le kilogramme.................	1 50
Pain, le kilogramme..........................	0 80
Rhum, le litre................................	2 50
Vin, la barrique de 220 litres...............	225 »
Vinaigre, la bouteille........................	1 50
Viande conservée, le kilogramme...........	2 50 à 3 »

Effets d'habillement.

Chapeau en feutre, la pièce.	5	» à	15	»
Chaussettes, la paire	0	75 à	2	50
Chemise de travail, la pièce	2	50 à	7	50
Pantalon, la pièce	3	» à	30	»
Paletot, la pièce	5	» à	50	»
Souliers, la paire	10	» à	30	»

Outillages divers.

Arrosoir, la pièce	4	» à	7f	»
Brouette, la pièce	15	» à	35	»
Bêche, la pièce	4	» à	6	»
Clous (pointes de Paris), le kilogramme	0	60 à	0	85
Fourche, la pièce	3	» à	6	»
Houe, la pièce	4	» à	6	»
Herminette, la pièce	4	» à	7	»

MÉTÉOROLOGIE. — L'île de Tahiti est renommée depuis longtemps pour la salubrité de son climat; la température, toujours assez élevée, n'éprouve généralement pas de brusques variations pendant le jour; mais les matinées y sont quelquefois très fraîches. Les plus grandes chaleurs coïncident avec la saison des pluies et se manifestent de janvier à avril; le thermomètre atteint alors, à l'ombre, jusqu'à 32 degrés centigrades.

A partir du mois de mai, la température commence à baisser, et le minimum se produit de juin à octobre, sans descendre cependant au-dessous de 14 degrés pendant la nuit; la température s'élève vers les premiers jours de novembre.

Des expériences faites à Papeete ont permis de constater que, si les pluies contribuent à l'abaissement de la température, les vents diurnes n'exercent aucune influence sur le thermomètre, quelle que soit d'ailleurs leur direction. Mais on ne saurait en dire autant de la brise de terre qui s'élève le soir et souffle pendant la nuit. Cette brise se fait souvent sentir de minuit à six heures du matin, et c'est alors que le thermomètre accuse le minimum de température.

RÉGIME DES PLUIES. — La saison humide commence en

La propriété de M. G. Vincent à Tiperui (Papeete).

novembre ou en décembre, rarement plus tard, et finit en mars ou dans les premiers jours d'avril. On a remarqué cependant que cette période n'est pas absolument régulière et qu'elle présente des écarts assez sensibles d'une année à l'autre.

La saison des pluies, improprement appelée hivernage, est caractérisée par la perturbation de l'alizé, les calmes, une température plus élevée et une tension électrique maxima. Généralement, les grandes pluies sont accompagnées de violents coups de tonnerre.

Certaines années, la quantité d'eau tombée a dépassé un mètre; mais elle est restée souvent inférieure à ce chiffre. Pendant la saison sèche, elle est minime et varie de 0m,16 à 0m,18. Les mois les plus secs sont généralement juillet et octobre; mais, comme pour les mois pluvieux, on ne peut assigner à cette classification une régularité absolue.

VENTS ALIZÉS. — De mai à août, l'alizé souffle du sud-est; de septembre à décembre, il vient le plus souvent de l'est. De janvier à mai, sa direction est celle du nord-nord-est et du nord-nord-ouest; elle coïncide avec la saison des pluies.

On a remarqué que l'alizé venant du sud-est est décomposé par les montagnes de Tahiti en deux courants, dont l'un, suivant le sud-ouest, va rencontrer les montagnes de Moorea, où il éprouve une nouvelle déviation, pour se réfléchir sur Tahiti sud-sud-ouest ou nord-ouest.

Entre ces deux courants existe une ligne de calme quelquefois assez étendue au large.

La brise de terre, que les indigènes appellent « hupe », s'élève au commencement de la nuit. Elle semble prendre naissance au centre de Tahiti, et souffle dans tous les sens, suivant les rayons qui partent de ce point. A Papeete, qui se trouve au nord-nord-ouest, sa direction varie du sud-sud-est au sud-sud-ouest, venant ainsi toujours du sud.

Le maximum d'intensité de la brise de terre se fait sentir au lever du soleil.

La brise de mer s'élève entre neuf et dix heures du matin et atteint ordinairement sa plus grande force entre midi et deux heures; elle décroît de trois à quatre heures

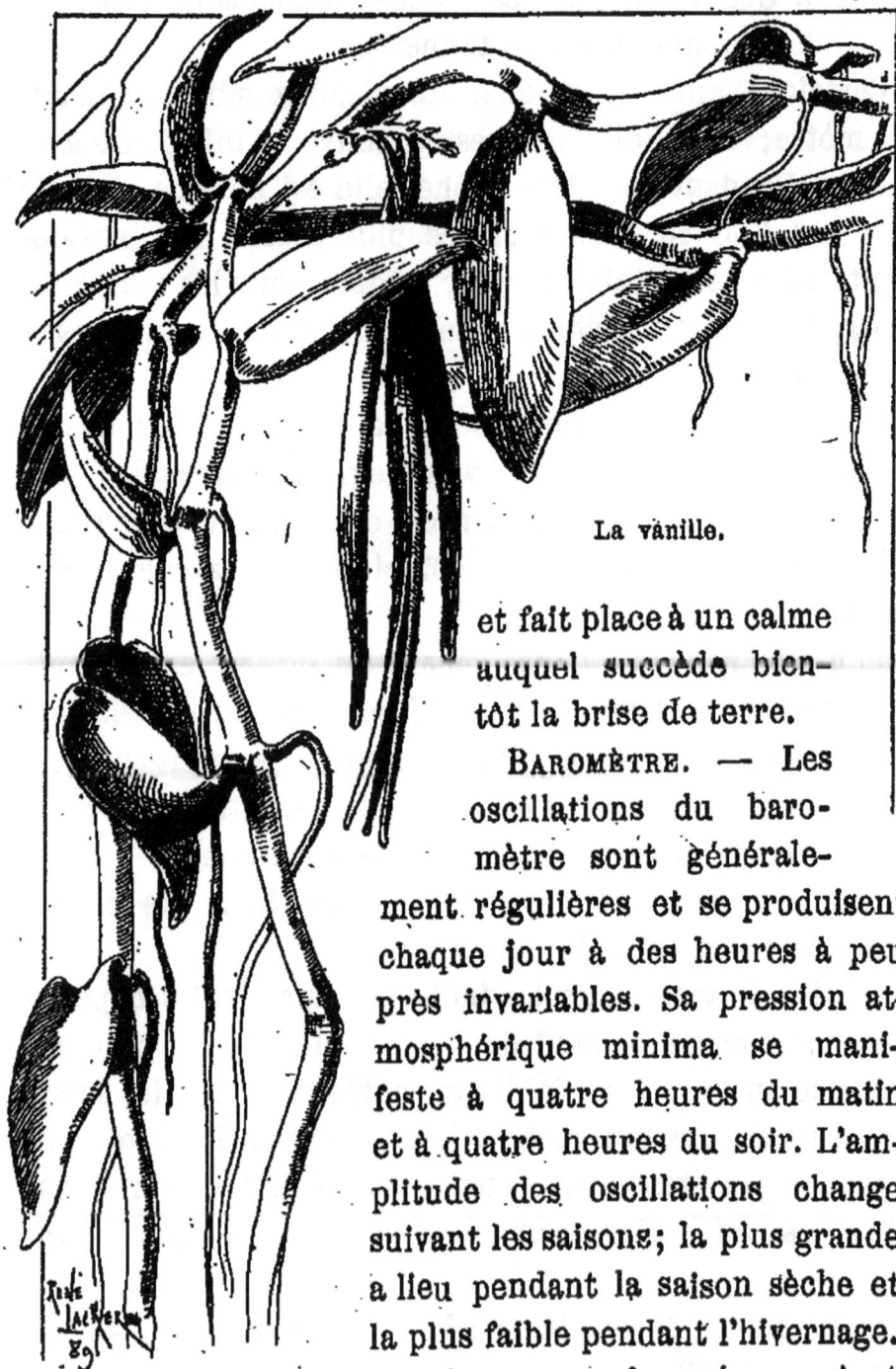

La vânille.

et fait place à un calme auquel succède bientôt la brise de terre.

BAROMÈTRE. — Les oscillations du baromètre sont généralement régulières et se produisent chaque jour à des heures à peu près invariables. Sa pression atmosphérique minima se manifeste à quatre heures du matin et à quatre heures du soir. L'amplitude des oscillations change suivant les saisons; la plus grande a lieu pendant la saison sèche et la plus faible pendant l'hivernage. Les hauteurs observées varient entre 756 et 762. On a vu toutefois le baromètre descendre jusqu'à 751 pendant un ouragan.

Durée des jours. — Les jours les plus courts ont une durée de 11 heures, en juin ; le soleil se lève alors à 6 h. 32 et se couche à 5 h. 30. La durée des jours les plus longs est de 13 heures ; le soleil se lève à 5 h. 27 et se couche à 6 h. 30.

MOYENS DE COMMUNICATION DE TAHITI.

1° *Avec chacun des autres établissements français de l'Océanie.* — Les moyens de communication sont les suivants :

1. Huit fois par an environ, un bâtiment à voiles quitte le port de Papeete, emportant la correspondance, les passagers et les marchandises à destination des îles Tuamotu et des îles Marquises. Il touche successivement à Fakarava, Tahuku et Taïhoae, et rentre à Papeete 35 jours après son départ.

2. L'île de Moorea est desservie, chaque semaine, par le vapeur *Eva* qui part tous les vendredis matin, à 7 heures, de Papeete pour Papetoai, et quitte ce dernier poste, le même jour, à 3 heures du soir, pour effectuer son retour au chef-lieu.

Ces deux services sont subventionnés par la colonie.

3. Les autres groupes, les Gambier, les Tubuaï, Raivavae et Rapa, sont desservis par une goélette de commerce qui visite ces archipels tous les deux mois, et par les navires de l'État qui s'y rendent une ou deux fois par an.

2° *Avec San-Francisco.* — Un service mensuel assuré par trois navires à voiles, accomplissant chacun quatre voyages par an, existe entre Tahiti et San-Francisco pour le transport de la correspondance, des passagers et des marchandises.

Les départs de Tahiti s'effectuent du 12 au 15 de chaque mois; ceux de San-Francisco le 1er. Le budget local fait aux entrepreneurs de ce service une subvention de 75,000 francs.

On a essayé plusieurs fois, mais en vain, d'établir un service régulier à vapeur entre Tahiti et la Californie.

Depuis quelque temps, une nouvelle voie ferrée a été ouverte au transit des passagers et des marchandises entre San-Francisco et la Nouvelle-Orléans. De cette dernière ville, les paquebots de la compagnie commerciale transatlantique se rendent à Bordeaux en dix ou douze jours. Les paquebots de la ligne postale transatlantique effectuent le voyage du Havre à New-York en huit jours. Le trajet rapide par la voie ferrée de New-York à San-Francisco s'effectue en cent vingt-trois heures.

Le courrier qui porte à Tahiti la correspondance d'Europe part de San-Francisco pour Papeete le 1er de chaque mois. Les lettres doivent être mises à la poste à Paris le dernier vendredi précédant le 15 du mois, sauf en février où il est prudent de les acheminer le vendredi précédant le 14.

3o *Avec la Nouvelle-Calédonie.* — Un transport à vapeur de l'État fait tous les cinq mois la traversée de Tahiti à la Nouvelle-Calédonie.

4o *Avec l'Australie.* — Le transport à vapeur de l'État qui, tous les cinq mois, fait la traversée de Tahiti à la Nouvelle-Calédonie, permet de diriger la correspondance sur Sydney ou Melbourne par les deux paquebots mensuels des Messageries maritimes. Les voyageurs profitent généralement de cette voie.

Les communications avec l'Australie sont assez régulières par la voie de la Nouvelle-Zélande.

5o *Avec la Nouvelle-Zélande.* — Un navire à vapeur

effectue, tous les quarante-cinq jours environ, un voyage entre Auckland et Tahiti. Il met ainsi la colonie en relations assez régulières avec l'Australie et même la Nouvelle-Calédonie.

Ce steamer, en venant d'Auckland à Tahiti, relâche régulièrement aux Samoa et Tonga et touche occasionnellement aux îles Hervey et Raiatea.

6º *Avec l'archipel de Cook.* — Cet archipel, placé sur la route de la Nouvelle-Zélande à Tahiti, profite, comme nous venons de le dire, du trafic existant entre ces deux points.

7º *Avec les îles sous le Vent.* — Les navires du commerce sont seuls utilisés pour les échanges avec les îles sous le Vent; mais les rapports sont fréquents en raison de l'activité commerciale qui règne entre ces îles et Tahiti.

8º *Avec les îles Fanning, Carolines et Gilbert.* — Les rapports de Tahiti avec ces archipels sont rares, et c'est à des intervalles fort éloignés que des navires marchands de la colonie y font quelques opérations commerciales.

9º *Avec la France.* — 1. La correspondance et les passagers pour la France sont acheminés sur San-Francisco par un service régulier de navires à voiles qui relie la Californie à Tahiti. De San-Francisco à New-York le transit s'effectue, comme nous l'avons dit plus haut, cent vingt-trois heures par les voies ferrées, et la traversée de l'Atlantique s'accomplit dans un laps de temps qui varie de sept à huit jours, par les steamers de la Compagnie générale transatlantique.

2. Tous les cinq mois, un transport à vapeur de l'État met Tahiti en communication avec la ligne française à vapeur des Messageries, entre Sydney et Marseille, reliée à la Nouvelle-Calédonie par des bâtiments à vapeur annexes d'un moindre tonnage.

3. On utilise fréquemment la voie d'Auckland (V. § 5).

4. La France expédie géneralement trois ou quatre navires à voiles, de Bordeaux à Tahiti; trois ou quatre autres voiliers viennent d'Angleterre ou d'Allemagne.

5. Impossible autrefois, l'échange de colis postaux entre Tahiti et la France a été réglementé par le décret du 1er septembre 1889. Transportés à Sydney par les messageries maritimes, ces colis sont alors dirigés sur Tahiti *via* Auckland.

Malgré les immenses inconvénients du transbordement, la meilleure solution provisoire de la question des moyens de communication avec l'Europe paraît être celle qui consisterait à relier Papeete avec Honolulu; elle aurait l'avantage de mettre Tahiti en relations par de magnifiques paquebots à grande vitesse, aussi bien avec l'Amérique qu'avec l'Australie.

RÉGIME ÉCONOMIQUE ET DOUANIER. — Les différents ports des établissements

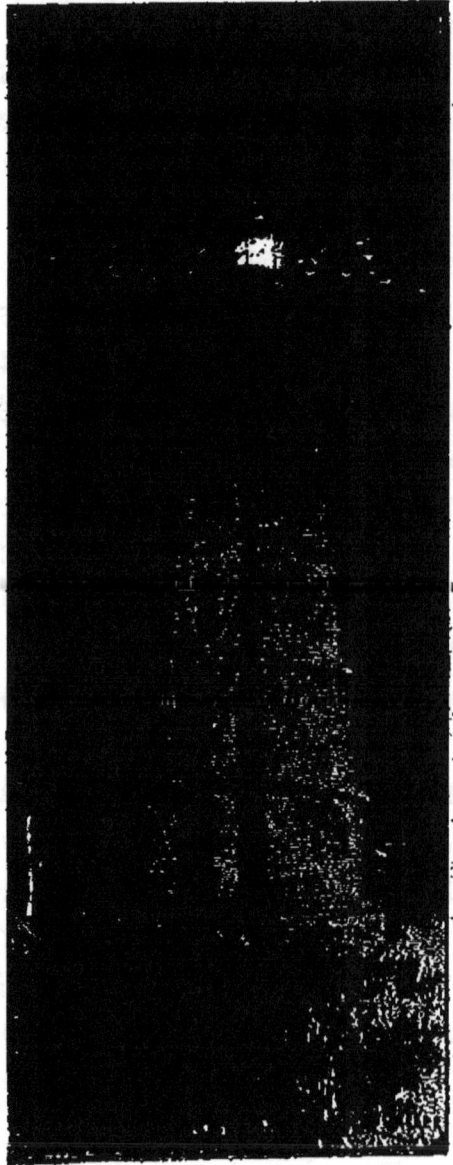

Phare de la pointe Vénus.

français de l'Océanie sont ouverts à tous les bâtiments sans distinction de nationalité. Il n'existe ni douane ni régime douanier, mais un droit d'octroi de mer est établi

sur les marchandises de toute provenance et de toute
nature. (Décret du 30 janvier 1867. — Arrêtés du 28 décembre 1871, des 22 janvier 1872, 24 janvier, 18 juillet
et 10 décembre 1874 — 16 février 1881, 17 avril 1884, —
2 janvier et 22 octobre 1887.) Ce droit est fixé à 13 pour
100 du montant net des factures, sauf dans des cas particuliers sur les alcools, liqueurs, tabac, allumettes, etc.

Le Conseil général a, dans sa séance du 20 septembre 1887,
sagement exonéré de l'octroi de mer les substances suivantes :

Machines destinées à l'agriculture et à l'industrie et
machines-outils; — outils en cours d'usage; — pompes à
incendie et accessoires; — animaux de boucherie, de
basse-cour, gibier et oiseaux vivants; — armes et mu-
nitions destinées au service de la garnison; — approvi-
sionnements en vivres destinées au service des bâtiments
de l'État; — objets de toutes sortes destinés aux services
publics de l'administration locale; — fournitures destinées
aux écoles et livres, écrits périodiques; — vêtements,
meubles et mobiliers aux voyageurs arrivant dans la colonie; — appareils plongeurs et engins pour la culture et la
pêche de la nacre; — arbres fruitiers, plantes, graines ou
semences; — produits des îles, cafés exceptés, destinés à
la réexportation; — imprimés et registres des consulats;
— matières destinées à la construction et au radoubage
des navires, barques et bateaux; — récipients, sacs,
caisses et matières nécessaires à l'emballage pour l'exportation des produits du pays.

Fort de Raiatea (îles sous le Vent).

CHAPITRE V

Archipel des îles sous le Vent.

Précis historique. — La convention de Jarnac. — Annexion à la France de Tubuai-Manu, Huahine, Raiatea-Tahaa, Bora-Bora, Motu-iti, Maupiti, Mapihaa, Bellinghsausen, Scilly. — Population. — Productions végétales et industrielles. — Orographie. — Pluies. — Rivières. —: Cours d'eau. — Routes. — Curiosités. — Écoles. — Baies. — Mouillages. — Passes. — Commerce. — Religion. — Situation politique.

L'archipel des îles sous le Vent, découvert par Cook en 1769, est situé au N.-O. des îles de la Société. Il se compose des îles suivantes :

1° Tubuai-Manu ; — 2° Huahine ; (Houahine) — 3° Raiatea-Tahaa ; 4° Bora-Bora ; — 5° Motu-Iti ; — 6° Maupiti ; — 7° Mapihaa ; — 8° Bellinghsausen ; — 9° Scilly.

Toutes ces îles ont été annexées à la France les 16, 17 et 19 mars 1888.

PRÉCIS HISTORIQUE. — Comme tous les archipels environnants, les îles sous le Vent reconnaissaient la suzeraineté de Pomaré. Sans doute, le lien qui les rattachait à la dynastie était très faible et plus nominal qu'effectif; mais les honneurs particuliers qu'on rendait dans tout l'archipel aux souverains de cette famille montraient bien que, si relâché qu'il fût, ce lien n'en existait pas moins.

Lors de l'établissement de notre protectorat à Tahiti, Pritchard persuada à Pomaré qu'il était de son intérêt de déclarer que les îles sous le Vent étaient absolument indépendantes. Le but de Pritchard était de réserver à l'Angleterre un retour possible en cas de changement de politique, et, puisque Tahiti était perdu pour les siens, de limiter tout au moins la part du feu.

Le roi de Raiatea.

Il y réussit d'ailleurs, et la reine Pomaré ayant déclaré que les îles sous le Vent ne faisaient pas partie de ses États, une convention, qui garda dans l'histoire le nom de convention de Jarnac, fut conclue entre la France et l'Angleterre pour proclamer et sauvegarder l'indépendance de ces îles.

On prétend que Pomaré regretta amèrement plus tard la déclaration que lui arracha Pritchard.

Quoi qu'il en soit, à la suite d'un accord motivé par des

compensations accordées à l'Angleterre, le cabinet de Saint-James consentit à l'abrogation de la convention de 1847, et le gouverneur reçut des instructions lui enjoignant de rattacher administrativement l'archipel des îles sous le Vent à Tahiti.

Un certain nombre d'indigènes travaillés depuis longtemps par des meneurs anglais et allemands, qui allaient jusqu'à leur affirmer que la convention de 1847 tenait toujours, n'acceptèrent pas l'annexion, et à Raiatea notamment, ils protestèrent en se retirant dans la vallée d'Avera, sous la conduite de Terahupo.

Le roi et la reine de Raiatea quittèrent l'île, mais restèrent nos partisans, imitant en cela nos vieux et fidèles alliés, le roi et la reine de Tahaa, dont les sympathies françaises ne se sont jamais démenties.

Quelle qu'eût été la forme de rattachement, annexion ou protectorat, les protestations qui se firent jour n'auraient pas manqué d'éclater ; d'ailleurs, le différend restreint maintenant entre quelques centaines d'indigènes et le gouvernement local ne laisse plus place depuis la convention précitée à une intervention étrangère.

Terahupo.

Il n'existe guère de documents sur les îles sous le Vent ; la plupart des renseignements que nous allons donner sur ces îles, et ceux que l'on trouvera dans le chapitre x sur l'archipel Tubuaï et l'île Rapa émanent de M. E. Raoul qui les a visités à plusieurs reprises.

TUBUAI-MANU.

Tubuai-Manu ou Maiaoïti, situé à 40 milles de Moorea, se trouve par 17°28′ latitude S. et 152°57′ de longitude O. La passe, dans laquelle le courant est très violent, ne permet l'entrée qu'aux canots et difficilement aux petites goélettes; la population est de 200 habitants.

HUAHINE.

Huahine, situé par 16°49′ de latitude S. et 153°16′ de longitude O., se trouve à 90 milles de Tahiti. L'île se compose de deux massifs de montagnes réunis par un isthme à peine élevé au-dessus du niveau de la mer.

Le massif nord, élevé de près de 800 mètres, est appelé Huahine-Nui (grande Huahine); l'autre a nom Huahine-Iti (petite Huahine). Des deux côtés de l'île, des baies profondes pénètrent dans les terres entre les deux massifs.

L'île toute entière est entourée d'une ceinture de récifs dont la partie qui entoure la pointe nord est boisée et forme une large plaine cultivable.

Ouhare est le village le plus important. La rade est bonne, et on y jette l'ancre par 20 ou 30 mètres de fond; trois wharfs, dont un en pierre, en facilitent l'accès.

POPULATION. — Très habiles aux exercices du corps, les habitants de Huahine sont d'une adresse remarquable à la sagaie. Ils sont au nombre d'environ 1,300.

PRODUCTIONS VÉGÉTALES ET INDUSTRIELLES. — Toutes les îles sous le Vent offrent, à peu de chose près, les mêmes productions que Tahiti; aussi ne décrirons-nous pas à nouveau ces produits. Disons seulement qu'à Huahine, le produit le plus important est le coprah, dont l'exportation annuelle dépasse 100 tonneaux.

RAIATEA-TAHAA.

Situées par 16°45′ de latitude S. et 153°52′ de longitude O., ces deux îles
jumelles sont entou-
rées d'une même cein-
ture madréporique et
séparées entre elles
par un canal navi-
gable dans un bras de
mer de deux à trois
milles de largeur.

OROGRAPHIE. —
L'ossa-
ture de
l'île de
Raiatea
est for-
mée par
deux chaînes
de montagnes,
l'une orientée
du nord au sud;
l'autre lon-
geant le côté
de l'île qui fait
face au sud-est.

A la pointe
nord, le mont
Tapioï, de 284

Huahine.

mètres de hauteur, se termine par un plateau horizontal
entouré de petits escarpements. Dans le sud du Tapioï, la
chaîne s'élève progressivement en devenant de plus en plus

escarpée et boisée. Le sommet le plus élevé, situé vers le milieu de l'île, atteint 1,033 mètres de haut ; il est bordé de remparts de basaltes à pic, d'où de belles et nombreuses cascades s'élancent dans de gigantesques précipices. Du côté du sud, la montagne tombe brusquement et n'est reliée à la seconde chaîne du sud-est que par des collines de médiocre élévation. Cette dernière chaîne du sud-est n'a pas de sommet dépassant 1,000 mètres.

L'une et l'autre de ces chaînes envoient vers la mer de nombreux contreforts qui forment, surtout sur les côtes sud-est et nord-est de l'île, des baies profondes et de belles vallées. La plus grande de ces baies (baie de Faaroa) forme un long fiord qui s'enfonce à deux milles dans les terres, en longeant, au sud, les précipices qui bordent le pic le plus élevé.

L'extrémité nord de Raiatea est relativement sèche.

Mais, dans toute la partie sud dominée par de grandes montagnes, la végétation est fort belle.

De vastes espaces de terres fertiles ne sont pas utilisées pour la culture.

VILLAGES. — Le point le plus important de Raiatea est le village de Teavaroa (Téavaroua), à la base du mont Tapioï, tout près de l'extrémité nord de Raiatea.

C'est le siège du gouvernement.

Le village s'étend le long de la mer sur un mille de longueur. On y remarque le temple protestant et les établissements de la société commerciale.

Un wharf en bois se prolonge jusqu'à l'extrémité du récif extérieur et permet aux goélettes d'accoster.

La pointe, où se trouve le wharf, est la pointe du Régent. C'est entre cette pointe et celle de Tonoï que se trouve le port.

PLUIES, COURS D'EAUX. — Après Tahiti, Raiatea est l'île de

l'archipel la plus abondamment arrosée par des rivières et des ruisseaux d'une eau excellente.

Non loin du mouillage d'Huturoa se trouve une roche grossièrement taillée qui représente le dieu des vents.

ROUTES. — Le chemin du bord de la mer à Raiatea est

Le vice-roi de Tahaa et sa famille.

fréquemment interrompu par des marécages qu'on traverse sur des roches assez irrégulièrement espacées. Un ou deux troncs de cocotiers jetés d'un bout à l'autre servent en général de pont.

CURIOSITÉS. — C'est près d'Opoaa qu'est le marae d'Oro, le fondateur à Raiatea de la société des Arioïs. Il est aujourd'hui en ruine, et le terrain est recouvert par des fourrés difficilement pénétrables. L'autel, en énormes blocs de coraux, seul partiellement conservé, est recouvert de broussailles ; il avait plus de 10 mètres de long, quatre de large et deux et demi de hauteur. Une mousse verte donne à ce monument une teinte uniforme ; de grands tamanous, « dont l'ombrage plaît aux dieux », l'abritent et, non loin, se trouve un immense banian (oraa) dont le tronc, avec ses racines adventices, ne mesure pas moins de 40 mètres de circonférence.

ÉCOLES. — L'administration française entretient à Raiatea une école tenue par un professeur européen. Les classes comptent déjà, paraît-il, plus de cent élèves.

BAIES, MOUILLAGES, PASSES. — Les côtes de Raiatea Tahaa offrent huit mouillages, dix passes, deux à Tahaa et huit à Raiatea, qui donnent accès dans les bassins intérieurs. Le lac d'eau tranquille entre les deux îles, à l'intérieur des récifs, forme une vaste rade dans laquelle les bancs laissent des mouillages étendus. Des chenaux en eau profonde font le tour de Tahaa et réunissent entre elles six des passes de Raiatea.

COMMERCE. — Il se faisait autrefois un assez grand commerce d'huile de coco. Actuellement, on n'exporte plus que du coprah et du coton, acheté pendant un moment à 0 fr. 20 cent. le kilogramme.

Tahaa, riche en pia, fournit beaucoup de cette fécule improprement appelée arrowroot.

On récolte du tabac à Raiatea, mais en très petite quantité. Les cultures vivrières se font surtout à Tahaa.

POPULATION, RELIGION. — La population est de 2,300 habitants, appartenant à peu près tous à la religion protestante.

SITUATION POLITIQUE. — Berceau de la royauté et de la religion dans ces îles, Raiatea paraît destinée à devenir le

TAHITI. — VUE DE TAUTIRA, DISTRICT DU CHEF ARUE.

chef-lieu de nos possessions sous le Vent. C'est là que réside actuellement l'administrateur de ces îles.

BORA-BORA.

CONFIGURATION, ASPECT. — Située à 140 milles de Tahiti, 10 de Tahaa et 41 de Huahine, Bora-Bora ne montre d'abord au navigateur qu'une pyramide grandiose s'élevant de 725 mètres au-dessus des flots.

Le navire s'en approchant, le voyageur s'aperçoit que de la base de cette pyramide ou mont Pahia partent trois chaînes de collines, contreforts déterminant des vallées fertiles couvertes d'une végétation luxuriante.

Bora-Bora ou Faanui (la grande vallée) est une réduction de Tahiti, qu'elle rappelle avec ses paysages pittoresques, sa verdure, ses sites gracieux et coquets; mais c'est Tahiti réduit à des dimensions de cinq milles de longueur, de deux milles et demi de largeur, la superficie totale de Bora-Bora ne dépassant pas 38 kilomètres carrés.

Une seconde île, beaucoup plus petite, formée de collines peu élevées, est située à un mille dans le sud-ouest de la première. Elle a nom Tubue (Touboué). Les deux îles sont enveloppées d'une ceinture commune de récifs, boisés dans le nord et l'est de l'île, sans végétation dans le sud et l'ouest.

Une passe, située dans l'est, donne accès à l'intérieur des récifs. Une vaste et belle rade est comprise entre Bora-Bora et Tubue, dans le sud-ouest du mont Pahia.

Cette rade est d'une défense très facile, puisque les navires ne peuvent y accéder que par la passe de l'ouest. La partie sud de la rade est fermée par des récifs ne laissant entre eux que des passages accessibles aux embarcations.

Le vent est généralement contraire pour entrer à Bora-

Borá, et il règne de forts courants dans la passe. On débarque sur une jetée en blocs de coraux, bien entretenue et sablée comme une allée de jardin. Cette jetée aboutit à une jolie place couverte de gazon qui borde la rade et autour de laquelle sont : d'un côté, le temple et la maison du roi ; de l'autre, l'école et quelques cases dépendant de l'habitation royale, qui est à peu près au centre du village

Une famille de Pueu (Tahiti).

appelé Vaïtape (Nenue) ; ce village s'étend le long de la rade.

POPULATION. — La souveraineté du pays appartenait à Teriimaevarua, fille de Tamatoa V et de Moe, qui est mariée, comme on sait, au sympathique prince Hinoï, neveu de Pomaré V, lequel a pour lui la plus vive affection.

Les caractéristiques du petit peuple de Bora-Bora sont la propreté, l'affabilité et l'amour des exercices militaires. L'armée de Bora-Bora a une célébrité archipélagienne bien établie.

Bora-Bora est d'ailleurs célèbre par le souvenir de la bravoure de ses guerriers.

C'est à la tête de ces combattants que le chef Puni ou Fenuapeho fit la conquête de Raiatea-Tahaa et fonda le royaume le plus grand qu'il y eût dans l'archipel à l'arrivée de Cook.

Tout est coquet et riant dans ce charmant petit pays, véritable bouquet émergeant du sein des flots, entouré d'une guirlande verte, et l'Européen nomade songe parfois qu'il passerait volontiers d'heureux jours au milieu de cette population douce et sympathique.

PRODUCTIONS AGRICOLES. — On n'exploite guère que le cocotier, dont on fait du coprah, les orangers et aussi un peu le tabac et le coton.

MOTU-ITI.

Située par 16° 15′ latitude S. et 154° 08′ de longitude O., Motu-Iti est un lieu de pêche et de récolte de cocos pour les habitants de Bora-Bora. Cette île, aussi appelée Tupai, est à 10 milles de Bora-Bora dont elle est une dépendance. Son diamètre est de quatre milles.

MAUPITI.

Par 16° 26′ 30″ de latitude S., 154° 32′ de longitude O. Dépendance géographique et politique de Bora-Bora, Maupiti en est éloignée de 25 milles dans la direction de l'Ouest Du large, elle apparaît comme formée d'une montagne centrale d'où s'irradient de petits mamelons. En réalité, cette partie montagneuse, dont le sommet basaltique ne dépasse pas 250 mètres, a la forme d'un amphithéâtre ouvert au sud-ouest. La superficie de l'île est de 26 kilomètres carrés.

Maupiti est entourée d'un vaste récif qui, boisé dans toute sa partie nord, forme ainsi autour d'elle un demi-cercle de verdure. Ce récif est à fleur d'eau dans la partie sud. Un peu au dedans de la pointe extrême du récif, dans le sud-sud-est de l'île, sont deux îlots boisés. Entre eux, une passe praticable pour les goélettes donne accès dans le lac aux eaux tranquilles que détermine la ceinture corallienne. Cette passe est très dangereuse par une forte houle.

POPULATION. — Soumise à ses vainqueurs, les guerriers de Bora-Bora, la population habite surtout la partie méridionale de l'île. Au chef-lieu, Fare-Arii, on trouve la même propreté qu'à Bora-Bora. Les 300 habitants de l'île exportent une quinzaine de tonnes d'huile de coco.

MAPIHAA.

16° 52' S. et 156° 20' longitude O. Indiqué par les uns comme une île, par les autres comme un simple récif, le Mapetia des géographes fantaisistes ne répond en réalité ni à l'une ni à l'autre de ces hypothèses et a nom Mapihaa; il est constitué par une ceinture de coraux, complètement fermée, qu'aucune passe ne permet de franchir. Dans ce récif se rencontrent de petits îlots boisés qui sont désignés sous le nom commun de Mapihaa.

Ces îlots ne sont habités qu'accidentellement par des indigènes des autres îles qui viennent y pêcher les tortues qu'on y rencontre en assez grand nombre.

BELLINGSHAUSEN.

15° 48 latitude S. 156° 53' longitude O.

Bellingshausen a une constitution madréporique se rapprochant beaucoup de celle de Mapihaa.

Comme dans cette dernière, M. Raoul y a constaté l'existence d'un récif circulaire sans passes ni coupures circonscrivant un lagon aux eaux bleuâtres où l'activité madréporique est affirmée par des coraux bien vivants. Sur cette ceinture corallienne se trouvent quatre îlots boisés dont le plus grand est celui du nord-est.

PRODUCTION. — Les coquilles à nacre vivent dans le lagon. Les pêcheurs de tortues rapportent souvent des coquilles nacrières. Les îles sont couvertes de cocotiers.

SCILLY.

16° 31' latitude S. 157° 03' longitude O.

Scilly a la constitution d'une Tuamotu : c'est un récif circulaire d'environ 7 milles de diamètre, sans passes ni coupures, permettant l'accès du lagon. Sur la ceinture corallienne se voient plusieurs îlots, dont quelques-uns sont à peine élevés au-dessus du niveau de la mer. L'île est inhabitée.

La reine de Raiatea.

PAPEETE. — Le palais du Gouvernement.

CHAPITRE VI

Archipel des îles Marquises.

Description géographique. — Orographie. — Productions du sol. — Cultures. Productions industrielles. — Commerce. — Navigation. — Météorologie. — Centres principaux. — Moyens de communication.

L'archipel des îles Marquises est situé, d'une part, entre 7° 50′ et 10° 33′ de latitude S. ; d'autre part, entre 140° 45′ et 143° 05′ de longitude O. Sa distance de Tahiti est de 250 lieues marines. Il comprend onze îles, dont sept sont habitées, formant deux groupes désignés sous les noms de groupe nord-ouest et groupe sud-est. Le premier se compose des îles Nukahiva (Noukouhiva ou Noubira des Maoris), Uapu (Ouapou), Uauka (Ouahouka) et Eiao (île Masse) ; le groupe sud-est, des îles Hivaoa (Dominique). Tauata (Taouata) et Fatuhiva (Fatouhiva, Madeleine). Les îlots Matuiti (Matouiti) ou Hergest et l'île Hatutu (Hatoutou) ou Chanal, dans le groupe nord ouest, ainsi que les îles Fatukuku ou Hood et Motane, qui font partie du groupe sud-est sont inhabitées.

Les différentes îles qui forment l'archipel sont de hautes terres hérissées de crêtes et de pics. Nukahiva atteint une hauteur de 1,178 mètres; Hivaoa, 1,260 mètres; Uapu, 1,190 mètres; Fatuhiva, 1,120 mètres; Tauata, 1,000 mètres.

Nukahiva mesure 32 kilomètres dans sa plus grande longueur du nord au sud, 19 kilomètres de l'est à l'ouest, et 100 kilomètres de circuit; Hivaoa ou la Dominique a 39 kilomètres de l'est à l'ouest et 19 kilomètres du nord au sud dans sa plus grande largeur, à la partie occidentale, mais elle est très étroite dans la partie orientale.

OROGRAPHIE. — Le système orographique de chaque île est constitué par une arête principale de laquelle partent des arêtes secondaires qui se subdivisent elles-mêmes en se rendant à la mer, et divisent ainsi chaque île en autant de baies profondes, à riche végétation.

Chaque baie a un petit cours d'eau qui se change en torrent à l'époque des grandes pluies.

Ces îles sont d'origine volcanique; l'aspect tourmenté du sol, ainsi que la présence de scories et de basaltes, en sont une preuve suffisante. On rencontre presque partout des sources d'eaux minérales gazeuses à base alcaline et d'un goût très agréable. Dans la baie de Taua (île Hivaoa) se trouve une source sulfureuse.

On n'a pas rencontré jusqu'à présent, malgré des recherches assez nombreuses, de minerais exploitables.

Les îles de l'archipel sont divisées en chefferies, savoir: 8 à Nukahiva, 8 à Uapu, 3 à Uauka, 11 à Hivaoa, 5 à Tauata et 5 à Fatuhiva.

PRODUCTIONS DU SOL. — Les ressources alimentaires du pays, puisées dans le règne végétal, sont : le fruit à pain, le taro, la patate douce, l'igname, le coco, la canne à sucre, les oranges, les citrons, les bananes, la mangue, la pomme Cythère, la pomme cannelle, la goyave, l'ananas, la papaye, l'avocat et quelques légumes des pays tempérés.

Dans le règne animal on trouve : le bœuf, le mouton, la chèvre, le cochon, le lapin, les volailles (poules et canards), les poissons, les crustacés, les coquillages, etc.

On y peut chasser le courlieu, la bécassine de mer, le kuku, le hupe, les poules sauvages, les cochons et les chiens sauvages.

On trouve, en outre, chez les commerçants du pays des conserves alimentaires variées, des pommes de terre, des oignons, de l'ail, de la farine, du riz, etc.

CULTURES. — On cultive, au point de vue commercial, le coton et le cocotier.

Les indigènes récoltent, pour leur usage personnel, les plantes mentionnées à l'article *Productions du sol*.

PRODUCTIONS INDUSTRIELLES. — Il y a des ateliers de construction pour baleinières et pirogues dans diverses baies de l'archipel. La goélette l'*Elina* a été construite à Atcheu (Atcheou), et le côtre *Moanatini* à Tahïoae (Nukahiva).

Parmi les colons et les indigènes, on trouve des charpentiers, des menuisiers, des maçons. Les femmes indigènes fabriquent une étoffe qu'on nomme *tapa*.

COMMERCE. — Le commerce d'exportation comprend : le coton, le coprah, les fungus, les graines de coton, les animaux vivants et les laines de mouton. — Le commerce d'importation embrasse des articles très variés.

NAVIGATION. — Il n'y a pas de récif de corail dans l'archipel. Les baies sont généralement accessibles, mais les rafales rendent quelquefois les mouillages dangereux.

On rencontre dans la baie d'Anaho (île Nukahiva) un bassin naturel où les goélettes vont nettoyer leur carène et se réparer.

Un bassin semblable existe au nord de l'île de Tauata[1].

MÉTÉOROLOGIE. — Aux Marquises, les saisons ne sont pas très bien indiquées. Le climat est en général chaud et assez humide. Cependant il arrive qu'on passe six, huit et même dix mois sans pluies.

Les vents régnants sont : d'avril à octobre, le vent d'est-sud-est; d'octobre à avril, le vent d'est-nord-est.

Le thermomètre ne descend guère au-dessous de 23 degrés et ne dépasse pas 33 degrés. La chaleur est tempérée par la brise du large, qui souffle assez régulièrement. Les nuits sont assez fraîches. Le baromètre se maintient à 0,765.

Eu égard à leur situation intertropicale, les Marquises sont, sans contredit, de beaucoup les terres les plus salubres, parmi toutes celles qui sont situées sous les mêmes latitudes.

En tant qu'individu, l'Européen s'y porte fort bien. Il n'y est éprouvé par aucune affection spéciale, et son organisme ne paye que le tribut auquel, dans la zone équatoriale ou subéquatoriale, est soumise sa race au bout d'un séjour plus ou moins long. De plus, au lieu d'être atteint, après un long séjour d'anoxémie équatoriale, il n'est affecté que d'une simple anémie tropicale à laquelle échappent même nombre d'Européens.

COMMUNICATIONS DE L'ARCHIPEL.

1° *Avec San-Francisco.* — Le courrier de San-Francisco

1. La plupart de ces renseignements sur les îles Marquises proviennent de l'annuaire de Tahiti récemment paru.

à Tahiti relâche chaque mois, du 20 au 30, à Taiohae et y séjourne de vingt-quatre à quarante-huit heures;

2º *Avec Tahiti.* — Un courrier spécial, la goélette *Gustave*, relie les Marquises à Tahiti environ huit fois par an; outre cette communication régulière, il se présente des occasions fréquentes de correspondance avec Papeete;

3º *Entre les différentes îles de l'archipel.* — Les communications officielles sont faites par une goélette de l'État

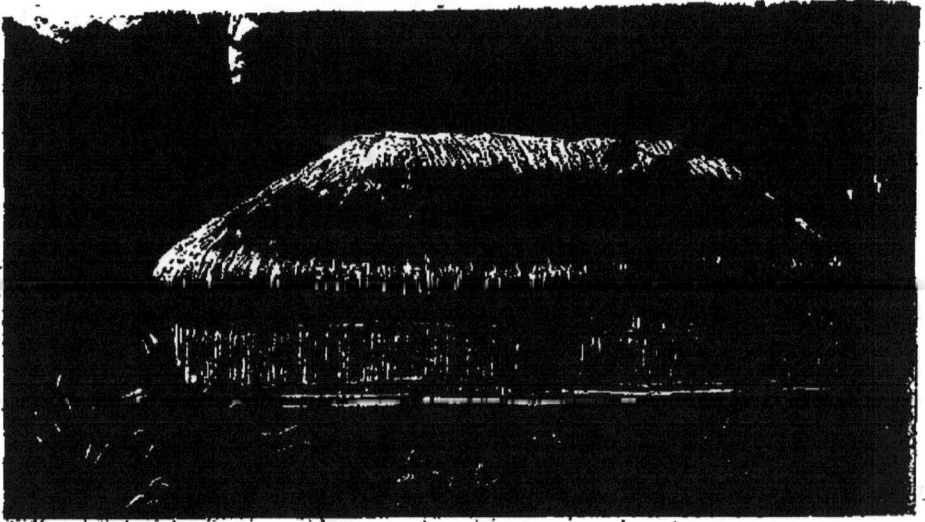

Case tahitienne.

et les communications commerciales par diverses goélettes et des baleinières;

4º *Entre les divers districts d'une île.* — On communique à pied ou à cheval, ou par mer au moyen de baleinières.

CENTRES PRINCIPAUX DES MARQUISES. — Les centres principaux des Marquises sont : Taiohae (île Nukahiva), chef-lieu de l'établissement secondaire, siège de l'administration, et Atuana (île Hivaoa), résidence du sous-administrateur.

Un tribunal de paix à compétence étendue est institué dans chacune de ces localités.

Taïohae possède une usine à vapeur pour l'égrenage du coton, des réservoirs d'eau qui alimentent la ville au moyen d'un réseau de tubes en fer, une fontaine publique, un débarcadère.

PAPEETE. — Le kiosque de la musique

CHAPITRE VII

Archipels des Tuamotu et des Gambier.

Archipel des Tuamotu. — Formation des îles madréporiques. — Peuplement végétal et animal. — Commerce de la nacre et des perles. — Faibles ressources du sol. — Cyclones. — Archipel des Gambier Manga-Reva.

La longue chaîne de montagnes qui court dans le Pacifique oriental, sensiblement parallèle à la cordillère des Andes, affirme son existence par une série de sommets presque tous immergés sur lesquels les zoophytes ont élevé des constructions qui constituent l'archipel des Tuamotu et celui des Gambier.

Partout où l'action volcanique a soulevé, à une faible distance de la surface de l'Océan, les sommets de ces montagnes, l'œuvre des zoophytes a commencé et une construction madréporique s'est élevée peu à peu jusqu'à atteindre le niveau de la mer. A chaque extrémité de ce nouveau récif s'en sont formés d'autres l'allongeant des deux côtés d'une façon continue, et la formation de la barrière madréporique s'est poursuivie tant que les terres sur lesquelles elle prenait naissance n'étaient pas immergées à plus de 40 mètres suivant les uns, de 80 mètres suivant les autres. (On a dragué des coraux vivants à l'entrée de la passe de Tahiti par 73 mètres de fond.)

Les sommets volcaniques sur lesquels se construisait la barrière corallienne étant généralement elliptiques ou circulaires, celle-ci suivait leurs contours, affectant naturellement cette forme régulière et trahissant seulement, par des solutions de continuité, les plissements ou les vallées du sol sous-marin sur lequel elle s'étayait. C'étaient là les passes qui permettent aux embarcations d'entrer dans le véritable lac d'eau salée circonscrit par la barrière de récifs dont nous venons d'esquisser le mode de formation.

Peuplées par des migrations marquisiennes, les Tuamotu ont une histoire qui ne date, en réalité, que d'une époque récente : celle de l'introduction du cocotier qui les a rendues habitables.

Cette époque n'a pas, sans doute, précédé de plus d'un siècle le passage de Quiros, qui, le premier, découvrit une de ces îles qu'il baptisa Sagittaria. De nos jours encore, on a pu voir se continuer d'année en année le peuplement végétal et le peuplement animal de plusieurs de ces îles, qui, à l'heure actuelle, sont en grande partie habitées.

Les lagons de beaucoup des Tuamotu contiennent des

coquilles nacrières. Dans un petit nombre se trouvent des coquilles perlières. La variété commerciale de la nacre des Tuamotu et des Gambier est caractérisée par sa partie extérieure noire et très irisée, le bord noir et le bel orient de la partie intérieure de la coquille. Après avoir atteint le prix de 3 fr. 60 (payable en or américain) le kilogramme, elle est tombée actuellement au prix de 1 fr. 50 le kilogramme à l'époque de la plonge.

L'administration interdit la pêche et la vente des coquilles ayant moins de 0ᵐ,17 de diamètre.

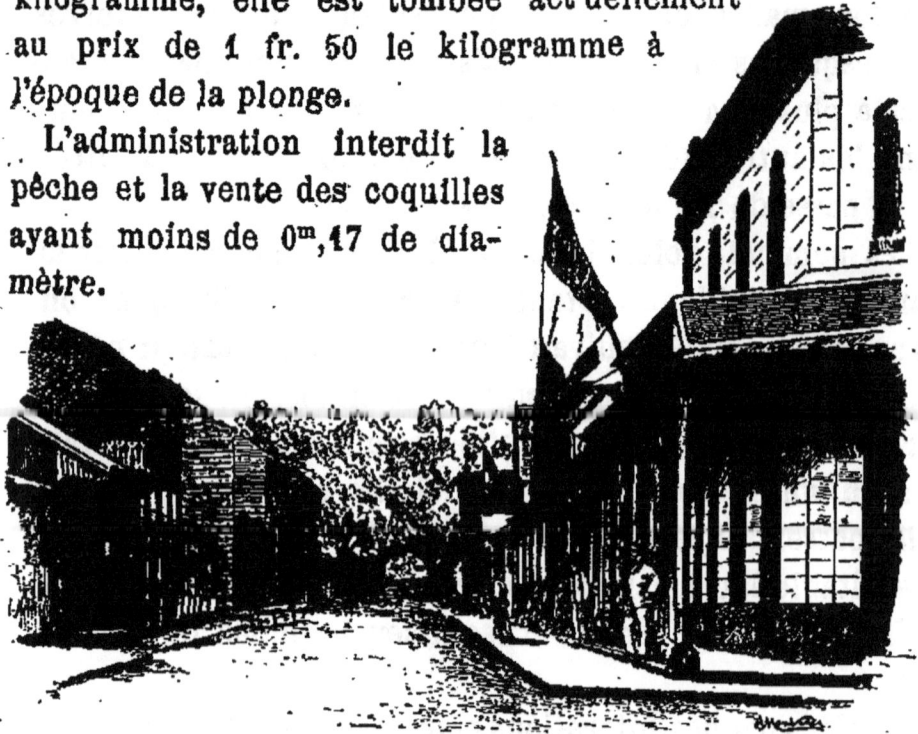

PAPEETE. — Rue de la Petite-Pologne.

Favorisé par l'existence des huîtres perlières dans ses lagons, l'archipel des Tuamotu est déshérité à tous les autres points de vue. Sur ces récifs coralliens, où une végétation relativement récente n'a pas encore constitué d'humus, croissent quelques maigres touffes de miki-miki, de guettardia, de tournefortia de pentacarya, de scœvola, et, avant la plantation et l'extension du cocotier, les fruits du pandanus et le pourpier étaient les seules ressources alimentaires provenant du sol. Aussi, pour les habitants de ces îles, un repas de chair humaine était-il un festin digne de la table des dieux. Actuellement encore, n'ayant pas d'eau douce, pas même toujours d'eau saumâtre, l'habitant de ces îles de corail surchauffées par les rayons ardents du soleil des tropiques pourrait répéter chaque jour le finale du chant polynésien : « Demain nous pouvons mourir. »

Survienne, en effet, un typhon ou un raz de marée causés par une convulsion volcanique provenant d'une chaîne, même très éloignée, les lames monstrueuses de l'Océan déchaîné balayeront ces îles, renversant cases et cocotiers, et noyant habitants et animaux domestiques.

Telles furent les conséquences de la cyclone du 8 février 1878, pendant laquelle la mer envahit Anaa, y abattant des milliers de cocotiers, et y faisant périr un grand nombre d'indigènes, ainsi que notre compatriote M. Lagarde.

ÉTABLISSEMENT SECONDAIRE DES TUAMOTU.

L'archipel des Tuamotu se compose de 70 îles dont 56 forment l'établissement secondaire des Tuamotu.

L'archipel des Gambier est un groupe de 10 îlots élevés qui forment avec 24 îlots des Tuamotu l'établissement secondaire des Gambier.

Les îles principales sont :

RAIROA. — Cette île a une bonne passe à l'est de la côte nord. Elle se divise en deux districts : Tiputa et Avatoru.

L'abondance des requins dans le lagon a presque fait abandonner la pêche dans cette île dont les habitants se livrent à la culture. — On a exporté 400 tonnes de coprah en 1886, et, au mois d'août 1887, ce chiffre était déjà atteint.

KAUKURA (Kaoukoura), dont le lagon est le plus riche en

perles de tout l'archipel. Le port de Kaukura se nomme. Panao. Il est situé au nord-ouest de l'île.

ANAA est l'île la plus peuplée de l'archipel et aussi celle dont les habitants sont le plus civilisés. Ils se livrent à la culture du cocotier.

Plus voisine de Tahiti, peuplée d'immigrants d'Afaahiti chassés de leur district par ceux d'Hitiaa, la grande île d'Anaa avait soumis à sa domination la plupart des Tuamotu du nord et du nord-ouest et conquis, à l'est, toutes les îles situées entre Anaa et Hao, dont les habitants furent employés à planter à Anaa des forêts de cocotiers qui font actuellement sa richesse.

FAKARAVA mérite d'être citée en raison de la grandeur de son lagon, des facilités qu'elle offre aux navires, et du choix qui a été fait du village de Rotoava comme chef-lieu administratif des Tuamotu.

TAKAPOTO possède une farehau et une école. L'île produit du coprah. Son lagon, profond de 30 à 40 mètres, produit en assez grande quantité des nacres dépréciées par une maladie qui cause beaucoup plus de dommages que dans les autres îles.

KATIU (Katiou). — Le district de ce nom comprend quatre petites îles : Katui, Tuanake, Hiti, Tepoto. Le seul village, Toïni, est situé au nord de l'île Katiu. Il possède une farehau et une école. La population est nomade et se divise en plongeurs et marchands.

MAROKAU (Marokaou) est un district qui comprend, outre l'île de ce nom, les îles Ravahere et Hikueru.

Le village de Marokau a une farehau, une école et un puits. Une jetée en pierres sèches, haute et large, rend les communications assez faciles.

FAGATAU. — Les habitants de cette île ne plantent pas de cocotiers, qui cependant viendraient très bien, et n'élèvent ni porcs ni volaille. Ils se nourrissent de graines de pandanus et de bénitiers ramassés sur les récifs. Leur industrie consiste en la confection de nattes qu'ils échangent contre des étoffes avec les rares goélettes qui les visitent.

Les autres îles sont pour la plupart moins importante.

Dans un assez grand nombre on se livre à la pêche de la nacre, et dans quelques-unes on trouve des perles en assez grande quantité.

ÉTABLISSEMENTS SECONDAIRES DES GAMBIER.

Les îles Tuamotu rattachées administrativement à l'établissement des Gambier ne méritent pas d'être décrites. Des dix îlots qui composent géographiquement l'archipel des Gambier, les quatre principaux, seuls habités, sont Mangareva, Taravai, Akamaru (Akamarou) et Aukena (Aukèna).

Trois passes donnent accès dans l'intérieur des récifs, l'une à l'ouest, la seconde au sud-ouest et la troisième au sud-est.

Un navire de commerce calant 5 mètres d'eau peut, avec le secours d'un pilote, mouiller en face du village de Rikitea (îlot Mangareva), où la tenue des ancres est très bonne et où l'on est très bien abrité de la mer.

Les montagnes de ces quatre îlots sont déboisées, mais elles nourrissent néanmoins un assez grand nombre de chèvres et de moutons à l'état sauvage.

Celles de Mangareva sont les plus élevées et les plus reconnaissables par les pics de Monkoto (400 mètres) et du mont Duff (401 mètres).

L'îlot Mangareva, qui est le plus important des quatre îlots, a pour chef-lieu Rikitea, siège de l'administration.

Ces flots ont une superficie totale de 3,000 hectares environ.

La population de cet archipel est de mœurs très douces. Tous les Mangaréviens professent la religion catholique.

La culture peut être considérée comme nulle. La principale ressource des indigènes est la pêche de la nacre perlière.

L'établissement des Gambier est divisé en quatre districts.

Dumont d'Urville.

Temple de Tahaa (îles sous le Vent).

CHAPITRE VIII

Archipel des Tubuai.

Précis historique. — Climatologie. — Vents. — Productions du sol. — Productions industrielles. — Population. — Raivavae. — Tubuai. — Rurutu. — Rimatara.

L'archipel des Tubuai (Tubouaï) est composé de quatre îles : Raivavae (Raïvavaé), Tubuai, Rurutu, Rimatara et des petits îlots Maria. Il n'avait été fait aucune distinction entre ces diverses îles lors de la cession à la France des droits de Pomaré et lors de la ratification par la Chambre des députés, le 28 décembre 1880, du traité passé avec ce souverain.

L'article 2 du traité ainsi conçu : « Tahiti et tous les archipels qui en dépendent sont déclarés colonies françaises », comprenait évidemment tout l'archipel des Tubuaï.

Les habitants de l'archipel ont d'autre part toujours reconnu la suzeraineté de Pomaré, et le commandant de La Richerie, qui accompagnait la « grande reine » dans un voyage aux Tubuai, a décrit dans un rapport instructif avec quels témoignages de déférence et quels honneurs les gens de Tubuai recevaient leur illustre souveraine.

Toutefois l'administration française avait négligé jusqu'à ces derniers temps de faire acte dans les îles Rurutu et Rimatara. Cette omission a été réparée les 27 et 29 mars 1889; et les chefs et habitants de ces deux îles reconnaissent aujourd'hui notre autorité aussi bien que ceux des autres îles.

CLIMATOLOGIE. — Situées à quelques minutes du tropique du Capricorne, les Tubuai jouissent d'un climat doux et tempéré.

Les saisons y sont déjà tranchées. Si la chaleur de l'été est très supportable, par contre, en hiver, quand le vent souffle du sud, la température est très fraîche.

VENTS. — Se trouvant à la limite des alizés de l'hémisphère sud, le régime ordinaire du vent est la rotation continuelle en sens inverse des aiguilles d'une montre, mouvement que nous avons déjà constaté, mais à peine accusé, dans les parages des îles de la Société.

Déjà les tempêtes commencent à apparaître et, parfois, pendant l'été austral, des cyclones viennent endommager et les arbres et les cases; ces cyclones suivent d'ailleurs la loi ordinaire des cyclones de l'hémisphère sud.

PRODUCTIONS DU SOL. — L'apparition d'un hiver, si tempéré qu'il soit, n'en a pas moins son influence sur la végétation. L'arbre à pain, de dimensions plus petites qu'à Tahiti, ne fournit plus annuellement qu'une seule récolte de fruits de médiocre grosseur, et le cocotier y pousse lentement.

Plus que le changement de température, l'état hygrométrique de l'air s'oppose à la venue du feï, qui est rare. Par contre, la banane et l'orange y viennent à merveille et sont de bonne qualité.

Le manioc, le pia, le cotonnier, le tabac, la canne à sucre, le taro y poussent fort bien. Le bois de fer (casuarina) y est abondant.

PRODUCTIONS INDUSTRIELLES. — Avec la latitude, la base de l'alimentation s'est aussi déplacée, et le taro remplace déjà le maioré. On le convertit en popoï qui, sous le nom de tioo, s'exporte dans l'archipel déshérité (les Tuamotu).

Avec les bananes on fabrique également une conserve excellente, sorte de marmelade aigrelette qui s'obtient en soustrayant au contact de l'air, par une ligature soignée, les fruits privés de leur enveloppe. Cette conserve, nommée *piere*, jouit d'une grande réputation dans toute l'Océanie orientale.

POPULATION. — La population polynésienne est la même que celle de Tahiti et des autres archipels; le nombre des habitants a décru d'une façon attristante dans toutes ces îles; depuis quelques années seulement, la dépopulation s'est arrêtée.

Les porcs, les poules, les chèvres et les dindons sont en abondance dans tout l'archipel.

A Tubuai, on fait l'élève des chevaux; des goélettes viennent les acheter à destination de l'Océanie orientale au bas prix de 30 à 50 francs par tête.

RAIVAVAE. — Raivavae, Rai-Havai de la carte de Tupaia, improprement appelée quelquefois Vavitu, est l'île la plus est des Tubuai. Elle est comprise entre 23° 49' et 23° 57' de latitude S. et 150° 15' de longitude O. Sa configuration est elliptique. Dans l'intérieur se trouvent des montagnes boisées qui, assez escarpées au centre de l'île, viennent mourir à la côte en pente douce. Elles sont couronnées de basaltes dentelées.

Le point culminant est le mont Ruatara, qui a 320 mètres

de haut : la superficie de l'île est de 12,000 mètres carrés 75.

Raïvavae est entourée d'un récif à fleur d'eau qui, en général, est à un mille de la plage. Ce récif est couvert d'îlots boisés qui sont assez étendus, surtout dans les parties de l'est et du sud. Les vingt-sept îlots qui forment la ceinture de Raïvavae ont une superficie totale de 2,000 mètres carrés.

Un chenal en eau profonde fait le tour de l'île en dedans des récifs.

Un navire d'un tirant d'eau de 5 à 6 mètres trouve un excellent mouillage, abrité de tous les vents, en face du village de Raiurua. La population, très affable, y reçoit fort bien les Européens.

Raïvavae, qui pourrait nourrir sans peine plus de 2,000 habitants, n'en compte que 150.

TUBUAI. — Située par 23° 19' de latitude sud et 152° de longueur O. Tubuai est formée de deux terres montagneuses élevées, réunies par un isthme assez bas. Couvertes de végétation autrefois, les montagnes commencent à se déboiser; mais là où les arbres disparaissent par le fait de la main de l'homme, il s'y substitue un tapis de graminées qui permet l'élève d'une grande quantité de chevaux.

De nombreux marécages donnent naissance à des myriades de moustiques qui disparaîtront avec leur lieu d'élection.

Tubuai est entourée d'une ceinture de récifs en partie submergés; cette ceinture porte dans le nord-est plusieurs îlots.

Des navires de 50 tonneaux peuvent entrer par la grande passe située dans le nord de la presqu'île de l'ouest, non loin du village de Matuara.

Dans le sud-ouest de l'île se trouve une passe, praticable seulement le beau temps aux petites goélettes. C'est la seule solution de continuité du récif dans la partie sud de l'île, et, depuis cette coupure jusqu'aux îlots du nord-est, le récif ne présente aucune interruption.

Avec les vents du nord-est au sud-ouest, les mouillages de Matuara, de Vapea et de la passe Oanamoana n'offrent aucune sécurité; seul le mouillage de Taahuaia est passable, mais il n'est accessible qu'aux petites goélettes n'ayant pas un tirant d'eau supérieur à huit pieds.

RURUTU. — Cette île est située entre 22° 55′ et 22° 32′ de latitude sud et 153° 40′ et 153° 45′ de longitude O.

Ile montagneuse, Rurutu présente des sommets atteignant 400 mètres. La population, de Rurutu, très dense autrefois en a déboisé toutes les pentes, et sur le littoral, au bas des collines seulement, la couche de terre végétale est restée assez épaisse pour contre-balancer par sa production les destructions opérées par la main des hommes.

Pandanus, bois de fer, cocotiers sont abondants sur la zone du littoral.

Cernée de tous les côtés par les coraux qui l'entourent d'une ceinture extrêmement rapprochée de la côte, Rurutu n'a qu'un petit port placé dans le nord-ouest de l'île, lequel peut recevoir de petites goélettes. Cependant, à l'ouest de Rurutu, est une magnifique baie, aux eaux très profondes, où, en l'absence de houle de sud-ouest, les navires peuvent, quand la brise souffle de l'est, communiquer avec la terre.

Dans les conditions que nous venons d'indiquer, c'est-à-dire quand les eaux de la baie sont calmes et transparentes, les embarcations allant à terre aperçoivent le fond à un kilomètre du récif extérieur.

Privilégiée pour ses ignames, Rurutu possède également

une canne à sucre particulière qu'on reconnaît vite à ses feuilles violettes dans leur jeune âge, à sa tige également d'un violet clair, à sa moelle blanche; c'est de cette canne, désignée sous le nom de maori de « Rurutu », qu'est venu le nom de l'île qui la produit.

RIMATARA. — Située par 22° 40' de latitude S. et 155° 12' de longitude O. (centre de l'île), Rimatara est une petite île dont les collines ne s'élèvent pas à plus de 100 mètres de hauteur. Le récif dont elle est entourée est presque contigu à la terre, et n'offre pas de port; il faut accoster l'île sous le vent et par le beau temps.

Petite, mais très fertile, elle peut fournir en abondance aux navires de l'eau et des provisions.

ILE MARIA. — 21° 49' latitude S. et 157° 11' longitude O. (pointe N.-O.). L'île Maria est un récif de forme triangulaire d'environ 3 milles de côté, sur lequel se trouvent quatre îlots bas et boisés. Aucune passe ne permet aux navires l'accès du lagon intérieur, d'ailleurs sans profondeur. M. Raoul, qui l'a visitée, n'a pas aperçu de coupures en permettant l'accès, même à de petites pirogues, mais il ne pourrait affirmer qu'il n'en existe pas.

Vue de Tahaa (îles sous le Vent).

CHAPITRE IX

Rapa.

Description géographique. — Climat et productions. — Population. Administration. — Importance de Rapa.

Rapa-Iti, la petite Rapa, ainsi nommée pour la différencier de Rapa-Nui, la grande Rapa ou île de Pâques, est située entre 27° 33′ et 27° 41′ de latitude S., 146° 34′ et 146° 42′ de longitude O.

Il faudrait de longs développements pour décrire l'aspect, les curiosités, la flore spéciale et la situation économique privilégiée de cette île presque inconnue.

Vaste cirque de montagnes basaltiques constituées elles-mêmes par les parois d'un cratère, Rapa a une configuration des plus étranges. Par l'emplacement d'une large coulée, la mer a pénétré dans l'intérieur de ce cirque, où elle forme la belle rade de deux milles de longueur nommée port Opadro ou baie d'Ahureï (Ahoureï).

Des aiguilles basaltiques, dont les pointes se terminent entre 600 et 700 mètres d'altitude, sont étrangement découpées, semblables aux ruines éboulées de quelque gigantesque et diabolique château fort.

Tous les sommets des montagnes accessibles, tous les cols principaux sont dominés par des forts en pierres sèches parfaitement construits et composés de terrasses superposées, dominées par des tours aujourd'hui écroulées.

Il y a moins de vingt ans, plusieurs de ces forts étaient assez bien conservés pour qu'on fût émerveillé de l'art avec lequel ils avaient été édifiés.

L'entrée de la baie d'Ahureï est, quoi qu'on ait dit, assez difficile, mais, une fois entré, on se trouve dans le vaste cratère dont il a été parlé, à l'abri de toute attaque, protégé de tous les côtés.

D'une sécurité complète, la rade est d'une défense aussi facile que possible.

CLIMAT ET PRODUCTIONS. — Située sous le 28° de latitude S., toujours battue par les grandes brises d'ouest, Rapa n'a ni le climat ni les productions que lui assignent sa latitude.

Le voyageur qui vient des îles chaudes de la zone tropicale se sent revivre sous ce climat frais et agréable.

Plusieurs espèces de bananiers, parmi lesquelles les bananiers de Chine, y viennent bien. Le climat de la montagne est déjà trop froid pour le feï, et on ne le rencontre à Rapa que sur le littoral. Le taro y est très cultivé et de bonne qualité.

Un grand nombre de plantes industrielles et surtout d'arbres fruitiers de la zone subtropicale, introduits par M. E. Raoul, sont venus augmenter les ressources très limitées qu'offrait Rapa aux voyageurs.

Les pommes de terre, l'orge, quelques variétés de blé et les légumes d'Europe y réussissent à merveille.

Des mines de charbon se trouvent à Tuputa-Ketake (Toupouta-Kétaké); ce charbon est un lignite d'assez mauvaise qualité.

Très poissonneuse est la

Défrichement et fabrication du charbon en Océanie.

mer; aussi les requins fourmillent-ils autour de l'île. Les crustacés sont tellement abondants qu'on les prend à la main pendant la nuit en s'éclairant d'une torche; mais la mer est trop agitée pour les coquillages, qui sont rares.

La température moyenne est de 22° pendant l'été, de 18°

pendant l'hiver, avec des maxima de 25° et des minima de 14°.

PPULATION. — Les épidémies apportées par les Européens ont extraordinairement réduit la population; de 6,000 âmes autrefois, elle est d'abord tombée à 300 habitants, puis à 110, par suite de l'épidémie de dysenterie apportée par un navire péruvien en 1863.

Il y a eu, depuis cette époque, augmentation de la natalité, et l'île compte actuellement 200 habitants.

La population est excellente, d'une grande douceur, et les rigueurs relatives du climat l'ont rendue robuste et laborieuse. Le vol lui est inconnu; la compagnie des paquebots anglais n'avait même pas eu besoin de faire mettre des portes aux magasins contenant son matériel.

ADMINISTRATION. — Rapa dépend de l'archipel des Tubuaï, qui est administré par un officier commandant la station locale. Mais le résident ne pouvant s'y rendre que bien rarement, un gendarme y a été placé comme chef de poste; il est en même temps chargé de la direction de l'école, suivie assidûment par tous les enfants. Dans quatre ans, tous ceux-ci comprendront et parleront le français.

IMPORTANCE DE RAPA. — Située sur l'arc de grand cercle qui joint Panama à Sydney et à Auckland, Rapa est placée exactement sur la ligne que suivront les paquebots des grandes routes maritimes futures : Panama-Auckland, Panama-Sydney.

Elle est la première terre que rencontreront les paquebots partant de Panama par le degré de longitude où il leur deviendra nécessaire de faire du charbon. Elle est donc une escale toute désignée et forcée.

La terre la plus proche après Rapa est Rarotonga. Mais, d'une part, les paquebots seraient forcés pour y faire escale de dévier leur route de 5 degrés au nord, et, de l'autre, d'après les rapports de l'ingénieur hydrographe anglais envoyé en mission spéciale à ce sujet, il ne faudra pas dépenser moins de 500,000 francs pour faire de Rarotonga un port commode, accessible aux navires calant 8 mètres.

C'est en effet dans l'une des Marquises que sera l'escale naturelle de la route Panama-Brisbane, à moins que la construction de phares destinés à éclairer l'accès des Tuamotu ne décide les compagnies à adopter Papeete comme point de relâche.

Une compagnie anglaise P.-N.-M. (Panama-New-Zélande) avait déjà autrefois choisi Rapa comme escale. Le courrier parti de Southampton arrivait le trente-cinquième jour à Rapa et le quarante-huitième à Auckland. Mais, à cette époque, l'idée du percement du canal n'était qu'à l'état de vague projet : aussi la compagnie quoique largement subventionnée, renonça-t-elle à cette ligne, qui exigeait un transbordement onéreux et incommode à Panama.

Bougainville.

Renseignements statistiques

MARCHANDISES FRAPPÉES DE DROITS ADDITIONNELS.
EN SUS DU DROIT DE 13 POUR 100 *ad valorem*.

Alcools, absinthe, genièvre, whisky, par litre de liquide quel que soit le degré...   2f »

Bitter, cognac, eau-de-vie et rhum, par litre de liquide à 56 degrés centigrades..   1 250

Les mêmes au-dessus de 56 degrés et jusqu'à 79 degrés inclus payent, en outre du droit fixe de 1 fr. 25............   0 032 par degré en sus et par litre de liquide (1).

A 80 degrés et au-dessus les boissons alcooliques seront classées dans la catégorie des alcools et soumises par litre aux droits de...   2 »

Vermout en fûts ou en bouteilles, liqueurs de toutes sortes, vins de dessert et de liqueurs en fûts et en bouteilles par litre...   1 »

Bières et vins de toutes sortes en bouteilles...............   0 250

Droit spécial sur le tabac par kilogramme.................   2 »

  —   sur les cigares dits bordelais, par mille.....   8 »

  —   sur les cigares de toutes sortes, par mille....   16 »

  —   sur les allumettes, par paquet de 12 boîtes .   0 800

  —   sur les accordéons, par unité..............   20 »

DROITS D'ENTREPOTS.
(ARRÊTÉS DES 24 JANVIER ET 29 MAI 1874).

Entrepôt réel.

Par tonneau d'encombrement et par jour..................   0 100

Droit *ad valorem*...   12 0/0

Entrepôt actif.

Droit *ad valorem*...   12 0/0

Entrepôt à l'arsenal de Fare-ute de marchandises encombrantes.

Par tonneau d'encombrement et par jour pendant les 30 premiers jours...   0 050

A partir du 31e jour et pendant toute la durée du dépôt...   0 025

Dépôt des huiles de pétroles par litre de pétrole emmagasiné...   0 050

Droit *ad valorem*...   12 0/0

1. Cette dernière disposition est également applicable aux rhums de fabrication locale.

PRIX DU FRET POUR CHACUN DES PAYS
EN RELATIONS AVEC TAHITI.

1º *De San-Francisco à Tahiti.* — Le prix du fret des marchandises venant de San Francisco est de 40 francs le tonneau.

2º *De Tahiti à San-Francisco.* — Les armateurs acceptent généralement les marchandises exportées de la colonie à San Francisco à des prix plus bas, soit environ 25 ou 30 francs le tonneau.

3º *De France, d'Angleterre ou d'Allemagne à Tahiti.* — Le fret des marchandises venant directement de France, d'Angleterre ou de Hambourg varie, suivant l'importance des chargements, entre 85 et 100 francs le tonneau.

4º *De Tahiti en France, en Angleterre ou en Allemagne.* — Celui des marchandises exportées de Tahiti vers les mêmes contrées est de 68 à 90 francs le tonneau.

5º *De Tahiti à Valparaiso.* — Le coût du fret demandé par les armateurs qui se rendent à la côte du Chili est ordinairement de 50 francs le tonneau.

Même coût pour le fret de retour.

6º *De Tahiti en Australie et vice versa.* — 75 francs par tonneau.

7º *De Tahiti en Nouvelle-Zélande et vice versa.* — 62 fr. 50 par tonneau.

8º *De Tahiti aux Tuamotu, aux Gambier, aux Tubuaï, Raivavae, l'archipel de Cook et vice versa.* — Les voyages effectués dans ces îles ayant généralement pour objet le commerce d'échanges pour le compte même des armateurs des navires, c'est accidentellement que ceux-ci se chargent de transports pour le compte de tiers.

On évalue le coût du fret de 40 à 50 francs le tonneau.

9º *De Tahiti aux îles sous le Vent et vice versa.* — Le fret pour ces îles est en moyenne de 20 francs le tonneau.

Bibliographie.

WALLIS, BOUGAINVILLE. COOK. — *Voyages autour du monde.* 1767-68-69.

G. CUZENT. — *Tahiti.* 1859. J. Masson, Paris.

CAILLET. — *Messager de Tahiti. Passim.*

Dᵣ J. NADEAUD. — *Énumération des plantes indigènes de l'île de Tahiti.* 1873. F. Savy, Paris.

Dʳ E. VINCENT. — *Topographie médicale de la terre Eugénie.* 1876. Cristin, Montpellier.

PIERRE LOTI. — *Le Mariage de Loti.* 1881. Calmann-Lévy, Paris.

Dʳ HAMY et DE QUATREFAGES. — *Crania ethnica.* 1882. Baillère et fils. Paris.

VAN DER VEENE. — *Conférence sur Tahiti, faite devant les membres de la société des études coloniales et maritimes de Paris.*

Dʳ HERCOUET. — *Thèse inaugurale.*

A. GOUPIL. — *Tahiti.* 1886. France coloniale. A. Colin, Paris.

EDMOND COTTEAU. — *En Océanie.* 1884-85. Hachette, Paris.

VIGNON LOUIS. — *Les Colonies Françaises.* 1886, Paris, Guillaumin.

MONCHOISY. — *La Nouvelle Cythère.* 1888. G. Charpentier, Paris.

AYLIC MARIN. — *En Océanie.* 1888. Ch. Bayle, Paris.

ÉLISÉE RECLUS. — *Océans et terres océaniques.* 1889. Hachette, Paris.

A. SAGOT. — *Manuel des cultures tropicales et des plantations des pays chauds.* Ouvrage publié après sa mort et complété, pour les chapitres inachevés, par M. E. Raoul. Challamel et Cⁱᵉ, Paris.

CARDELLA, MARTINY, RAOULX. — *Messager de Tahiti. Passim.*

BRAUD. — *Messager de Tahiti. Passim.*

A. GOUPIL. — *L'Océanie française. Passim.*

C. WILMOT. — *Les Tuamotus. — Les Marquises.* (Pour paraître sous peu).

E. RAOUL. — *Le Tour du monde en vingt-cinq ans.* (Pour paraître sous peu.)

Dessins et vues photographiques de : J.-P. LAURENT, G. SPITZ, Mᵐᵉ HOARE, C. VIÉNOT, R. DE BEAUSACQ, E. RAOUL.

POLYNÉSIE - FEUILLE I

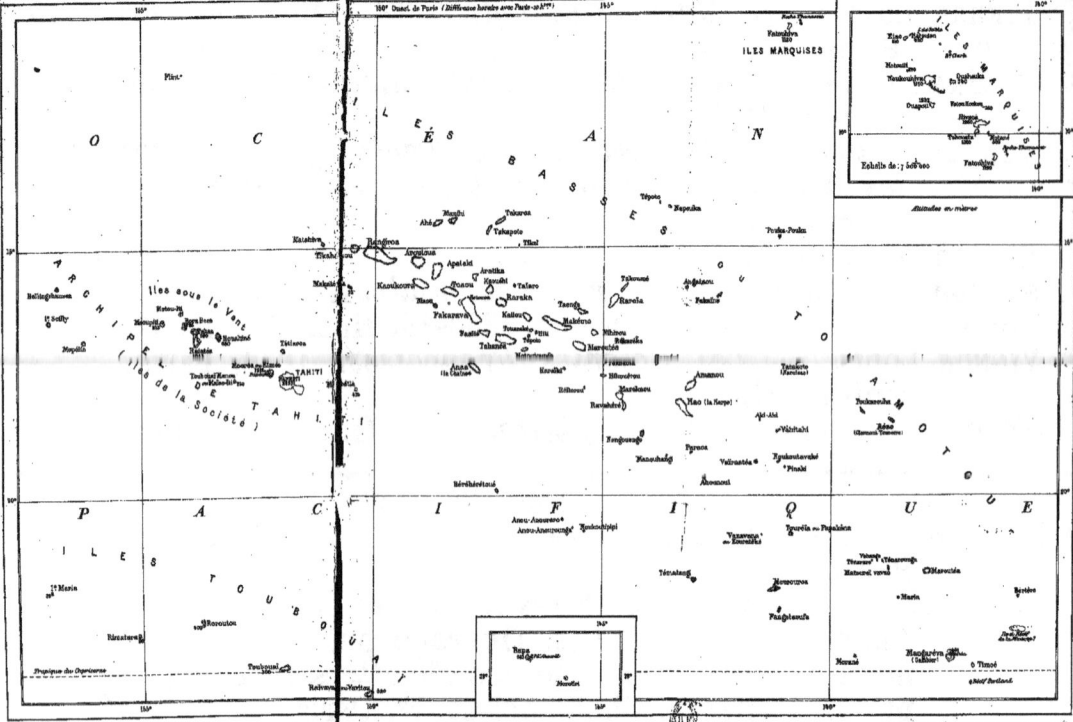

ILES MARQUISES

LES MARQUISES

Echelle de : 1 500 000

Altitudes en mètres

ILES MARQUISES

O C É A N

ILES BASSES

ARCHIPEL TAHITI (Iles de la Société)

Iles sous le Vent

TAHITI

P A C I F I Q U E

ILES TOUBOU

Tropique du Capricorne

Echelle de 1 : 7 500 000 (1 million vaut 1 kil. 70)

les Colonies Françaises _ Maison QUANTIN Éditeur, 7 rue St Benoit, Paris.

Gravé par R.Hausermann _ Paris, Imp.Lemercier et Cie

POLYNÉSIE - FEUILLE II

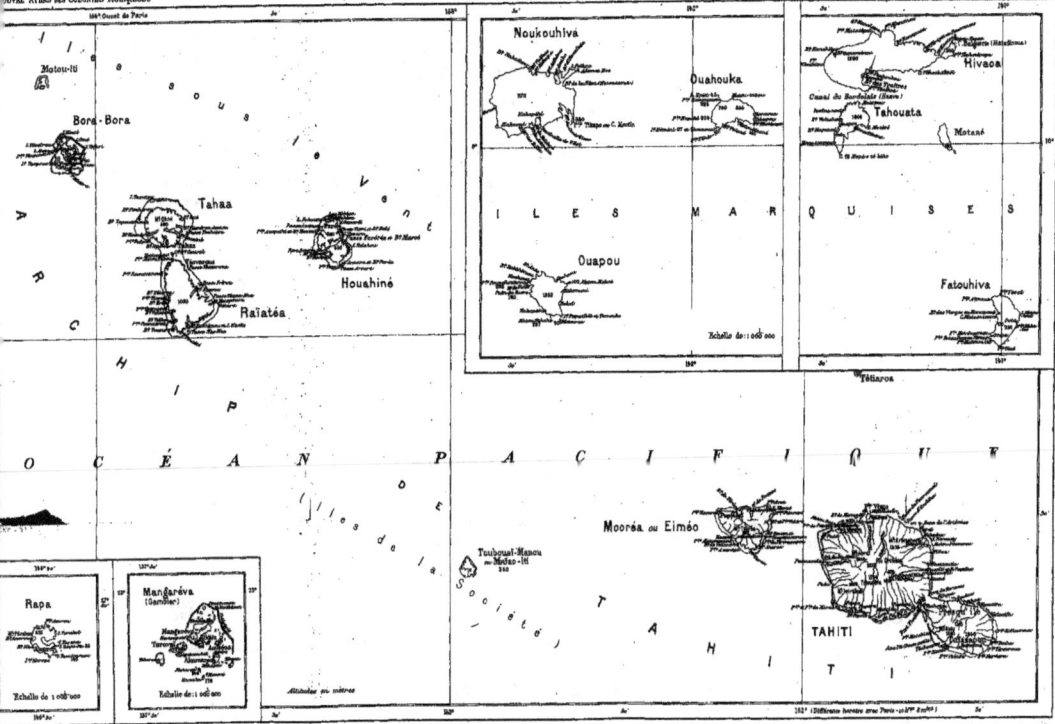

PAR PAUL PELET . 1889 . N° 21

Noukouhiva

Ouahouka

Hivaoa

Canal du Bordelais (Saone)

Tahouata

Motané

Bora-Bora

Motou-Iti

I L E S   M A R Q U I S E S

Tahaa

Ouapou

Houahiné

Raïatéa

Fatouhiva

Echelle de 1:000.000

Tétiaroa

O C É A N   P A C I F I Q U E

Îles de la Société

Tubouai-Manou ou Medeo-Iti

Mooréa ou Eiméo

Rapa

Echelle de 1:000.000

Mangaréva (Gambier)

Echelle de 1:000.000

Altitudes en mètres

TAHITI

ALLAMEL et Cie Editeurs, 5 rue Jacob, Paris.

Echelle de 1 : 1 000 000 (1 million pour 1 kil.)

Gravé par E.Hausermann. Paris, Imp.Lemercier et Cie

Les Colonies Françaises ... Maison QUANTIN Editeur, 7 rue St Benoît, Paris.

www.ingramcontent.com/pod-product-compliance
Lightning Source LLC
Chambersburg PA
CBHW060629100426

42744CB00008B/1552